去他的父权制

何润哲——译

[法] 玛蒂尔德·拉雷尔——著
Mathilde Larrère

[法] 弗雷德·索查德——绘
Fred Sochard

中信出版集团 | 北京

图书在版编目（CIP）数据

去他的父权制 /（法）玛蒂尔德·拉雷尔著；（法）弗雷德·索查德绘；何润哲译. -- 北京：中信出版社，2023.5
书名原文：RAGE AGAINST THE MACHISME
ISBN 978-7-5217-5479-7

I. ①去… II. ①玛… ②弗… ③何… III. ①女权运动－研究－法国 IV. ① D445.65

中国国家版本馆 CIP 数据核字 (2023) 第 058584 号

RAGE AGAINST THE MACHISME ©
Éditions du Détour, Bordeaux, 2020
Simplified Chinese language edition published by arrangement with Éditions du Détour in conjunction with its duly appointed agents So Far So Good Agency and The Grayhawk Agency.
Simplified Chinese translation copyright ©
2023 by CITIC Press Corporation
ALL RIGHTS RESERVED
本书仅限中国大陆地区发行销售

去他的父权制
著者：　　　[法] 玛蒂尔德·拉雷尔
绘画：　　　[法] 弗雷德·索查德
译者：　　　何润哲
出版发行：中信出版集团股份有限公司
（北京市朝阳区东三环北路 27 号嘉铭中心　邮编　100020）
承印者：　　天津丰富彩艺印刷有限公司

开本：880mm×1230mm 1/32　　印张：7.75　　字数：156 千字
版次：2023 年 5 月第 1 版　　　　印次：2023 年 5 月第 1 次印刷
京权图字：01-2023-0943　　　　　书号：ISBN 978-7-5217-5479-7
定价：59.80 元

版权所有·侵权必究
如有印刷、装订问题，本公司负责调换。
服务热线：400-600-8099
投稿邮箱：author@citicpub.com

目录

序章 1

第一章　女人没有过去，女人没有历史 15
第二章　女同胞们，该醒醒了！ 27
第三章　两性的新秩序 45
第四章　我们要闹事，不要管家！ 65
第五章　女人要有选举权 83
第六章　献给那些比无名战士更无名的人 103
第七章　全世界的无产者，你们的袜子是谁洗的？ 125
第八章　性别、种族、斗争、殖民 145
第九章　想生的时候才生 165
第十章　"#MeToo" 运动 187
第十一章　我们的身体，我们自己 207

重大事件年表（自 1791 年起） 229
参考文献 237

序章

站起来！把东西砸烂！

叫出声来！就是要烦人！

——维尔日妮·德庞特，法国《解放报》，2020年3月1日

2020年3月7日，巴黎，女权主义者们聚集起来，在夜色中开始了一场游行示威，从节日广场出发，一直走到共和国广场。这一天是国际妇女节前夕——说实在的，这个节日不如叫"家用机器人节"好了。这场游行声势浩大，气氛欢腾，女权主义者们一路欢歌笑语，以口号表达自己的诉求："我们是女权主义者。我们强大而自豪，我们激进而愤怒。"队伍所到之处，留下了大大小小的标语、布告、涂鸦和拼贴画，直击当下女权主义的焦点问题。其中不少在影射不久前的凯撒奖风波，比如，"我控诉男人，我唾弃艺术家"。在不久前的凯撒奖评选中，电影《我控诉》的导演、被指控性侵的罗曼·波兰斯基获奖，法国女演员阿黛尔·埃内尔当场愤然离席。不少标语化用了阿黛尔的代

表作,即法国女导演瑟琳·席安玛执导的电影《燃烧女子的肖像》中的台词,以及另一位就此事发声的法国女演员艾萨·马伊佳发表的精彩演讲。比如,"我们都是阿黛尔的后备军","燃烧女子的肖像无法被扑灭"。法国女作家维尔日妮·德庞特那句著名的宣言——"站起来!把东西砸烂!叫出声来!就是要烦人!"——也被多次引用,甚至在街头演化为更激进的版本。比如,"我们要接着砸,我们要把一切都砸烂!""站起来!造反了!"游行队伍中还能见到"停止杀害女性"组织成员的身影,这些人四处张贴标语,呼吁女同胞们不要畏惧,立刻行动起来。"标语和喷火器,我之前不知道要选哪一个。""小心了!乳房下面,是手榴弹。"[1]"月经杯满了,要流血了。"生态女权主义者们则高喊着"地球不是用来征服的领土,女人也不是"等口号。地铁出口处贴满了"女权主义者发火了"的标语。游行者的立场非常鲜明:反对资本主义和种族主义,呼吁国际主义。LGBTQIA+[2]的存在感也不弱,他们在墙上留下了"上帝拯救同性恋者"的涂鸦。

> 道路是属于我们的!
> ——巴黎共和国广场街头拼贴,2020 年 3 月 7 日

---

1 这句话戏仿 1968 年法国"五月风暴"期间的标志性口号,即"铺路石下面,是海滩"(Sous les pavés, la plage)。——译者注(如无特殊说明,本书注释皆为译者注)
2 LGBTQIA+:指性少数群体,L 代表 Lesbian(女同性恋),G 代表 Gay(男同性恋),B 代表 Bisexual(双性恋),T 代表 Transgender(跨性别者),Q 代表 Queer(酷儿),I 代表 Intersex(间性人),A 代表 Asexual(无性恋者)。LGBTQIA+ 涵盖的范围更广,其他性身份也被纳入其中。

然而，几千个女人一边击掌一边高呼 Siamo tutti antifascisti（"我们都是反法西斯主义者"）的场面，引来了警方的催泪弹。警察连拖带拽，粗暴地驱散了游行队伍，把她们往地铁口赶。6 名示威者被逮捕，在拘留所里关了一天多才放出来。骚乱过去之后，我们在共和国广场采访了一位友人，她依旧情绪高昂："这不是坏事，这说明他们终于把我们当回事了！"

必须承认，女权主义的历史是激流与逆流此消彼长的历史，而过去几年间，一波声势浩大的浪潮正在形成：女权主义者们决定"杠上了"！作为一个亲身经历了这一切的女人，回想起过去年复一年，总在忍气吞声的无数个"三月八日"——那时连阻碍交通都是妄想，今年的妇女节真是天翻地覆！女同胞们总算出了一口恶气！

女权主义运动目前所处的阶段，通常被称为"第三波浪潮"。这场运动席卷了法国内外。2018 年是有史以来世界上参与女权主义动员的女性人数最多的一年。美国见证了"妇女大游行"。在爱尔兰、阿根廷和波兰这些国家，妇女们先后走上街头，为争取自愿终止妊娠的权利而斗争。2019 年，世界各国涌现出多场大规模的运动，抗议针对妇女的暴力：智利妇女喊出的 El violador eres tú（"强奸犯就是你"）口号，成了全世界反抗压迫、性暴力，以及有罪不罚现象的"国际歌"。但过去几年也出现了所谓的"开倒车"现象，且不止一处：在爱尔兰妇女赢得堕胎权的同时，阿根廷的女同胞却输掉了这场战斗，波兰政府屡屡试图剥夺本国妇女的这项权利，匈牙利政治家维克托·欧尔班公开攻击性别平等，巴西总统雅伊尔·博索纳罗[1]更是在任期内忽视女性权益。前文提到的导演波兰斯基，因性暴力指控而受到各界抨击，却不受影响地拿下了凯撒奖最佳导演奖，颁奖现场的观众还给予了热烈的掌声……2020年，随着世界各地因新冠肺炎疫情先后进入隔离状态，性别歧视、性别暴力和性别不平等问题越发凸显，之前争取到的堕胎权受到威胁，妇女的精神劳役普遍加重。更不用说，在疫情最前线，从事相关工作的往往是女性，而她们无法获得应有的报酬。

有"第三波"，自然就有"第二波"。"第二波"女权主义运动发生于20世纪70年代，之前还有"第一波"，也就是19世纪末20世纪初的妇女参政运动。那再往前呢？什么都没发生过？风平浪静，一片祥和？那些在19世纪末之前为自己的权利斗争过的女性，就没有人记得了吗？在笔者看来，这暴露了这套术语的不妥之处："第三波"的说法，抹去了许多个世纪以来无数女权斗士的姓名，也抹杀了她们的斗争。诚然，"女权主义"（féminisme）这个词的诞生相对晚近，首次出现是在1882年"第一波浪潮"期间，背后的功臣是女作家于贝蒂娜·奥克莱尔。事实上，féminisme这个词最初是指男性失去雄性性征，整个人变得阴柔，常见于一些感染了某种特定肺结核病菌的男病人。1872年，

---

[1] 2022年10月，卢拉当选新任总统，并于2023年1月1日正式就职。——编者注

小仲马把这个医学术语借来当作贬义词，用到了《男与女》这篇厌女的杂文里。后来被奥克莱尔"挪用"，这个词才有了"女权主义"的含义。然而，这个词诞生得晚，不意味着19世纪末"第一波"女权主义运动之前就没有女权主义者。所有捍卫性别平等，揭露剥削、暴力和歧视的人，都可以被称为"女权主义者"。其实，我们大可以将法国大革命视为起点：不是狭义的女权斗争的起点，而是广义的，由女人发起的斗争的起点。在那之前，也有妇女通过文字、行动、站队等方式表态，发起过带有女权主义色彩的斗争，但此类活动真正开始形成规模还是要到法国大革命，因为在此期间诞生了公民意识，公共空间和公共场域内的自由也得到了确认。更重要的是，自这场革命起，女性的联盟和组织开始体现女性身份的自觉，促进了女性内部的团结互助，零散的斗争由此成了一场运动。

用"浪潮"的方式来呈现女权主义运动史还存在着另一种风险。这会导致人们倾向于把一段时期的运动与某一个具体的斗争目标挂钩，形成一种错误的理解——第一波是为了争取选举权，第二波是为了争取自愿终止妊娠权，第三波则是为了解放身体和亲密关系。这种理解方式首先存在着一个重要的遗漏：有关工作权的女权主义斗争，包括争取参加工作的权利、保障女性劳动者在工作当中的权益等，没有被考虑进来。事实上，在女权主义运动的悠久历史中，这一系列斗争留下过浓墨重彩的一笔，并且自有其进程。因此，上述解读缺乏必要的阶级视角，忽视了女权主义运动中阶级斗争的成分。事实上，阶级斗争也存在着性别维度，而且女性引领的阶级斗争有时还会和工人运动针锋相对。除此之外，将女权主义运动史理解为一部高度国族化的女性主义史诗，不仅会导致女性劳动者的隐身，也会让非白人的少数族裔女性和女同性恋难以在其中找到自己的位置。

更重要的是，如果我们把一波浪潮和一个斗争目标之间的联系想象得过于紧密，就容易忘记一个基础事实：回顾整个女性斗争的历史，几乎所有诉求都是一并提出的。1848年"二月革命"期间的妇女活动家们（让娜·德鲁安、欧仁妮·尼布瓦耶和德西蕾·盖伊）曾争取选举权和其他社会权利；19世纪末的妇女参政论者（玛格丽特·迪朗、于贝蒂娜·奥克莱尔）曾为"同工同酬"振臂高呼；1939年，马德莱娜·佩尔蒂埃因捍卫自愿终止妊娠权而被判有罪；20世纪70年代，"妇女解放运动"（MLF）支持大量的罢工运动。有些诉求看上去很具有当代性，比如非混合原则[1]和"含她书写"。不过事实并非如此。早在17世纪，我们的女前辈就抗议过法语语法中默认的男性优先。1848年"二月革命"期间的妇女活动家们发明了一系列拼写法，让人民主权的普遍原则真正包括女性。于贝蒂娜·奥克莱尔甚至生造过不少单词的阴性形式。另外，非混合原则也不是新事物。从1792年大革命期间的很多妇女俱乐部开始，到1848年"二月革命"和1871年巴黎公社期间的部分团体，再到20世纪的"妇女解放运动"组织，都只接受女性成员。各

---

1 非混合原则：指在教育中区隔可能会受到歧视的群体和有潜在歧视倾向的群体。

种斗争交织在一起，穿越时空，前后接力。说到底，如果一定要为女权主义运动史分期断代，诉求的内容并不是重点。这个故事之所以会显得断断续续，是因为这些诉求只得到了选择性回应，而历史对这些回应进行了更加有选择性地记忆和记载。

> 是时候了，女人们，
> 不要再楚楚动人地发火了。[1]
>
> ——莱伊曼·古博韦（1972— ），利比里亚社会工作者、活动家

然而，我们也不能否定女权主义斗争所取得的进展。我们今天获得的权利和认可已经远远超过我们的母亲曾经拥有的，而我们的母亲又比她们的母亲拥有更多的权利。一次次冲锋，大坝一座座垮塌，战线不断向前推进。19世纪初，妇女还在死守底线，不得不为了公民权而斗争。1804年的《法国民法典》将女人当作次等公民对待。她们还要在受教育权和工作权这两大阵地上战斗，因为学校大门依然对女孩紧闭；因为女性虽然被允许参加工作，但拿到的钱还不到男人的一半。投票问题并非不重要，只是对于当时的很多妇女来说，选举权不是最要紧的事，可以暂且搁置。赢下最初的几场战斗之后，19世纪末，女权主义运动开始聚焦于选举权，因为这时妇女们相信，只有获得了选举权，才能保障其他权利。到了1944年，我们终于迎来了迟到的胜利。

---

1 这句话出自她2011年获得诺贝尔和平奖后的演讲。

序章

此后，女权主义开始转向新的战场：掌控自己的身体，自主生育，反抗针对妇女的暴力，拒绝沦为男性凝视下的欲望客体……这些斗争此前一直被认为无足轻重，但从未缺席。

说到底，所谓的"浪潮"并不对应某一段女性"发声"的历史时期，因为她们从来没有停止过发声。之所以能形成短暂的"浪涌"，是因为这些声音在极少数时刻被人听见，即便很多人听见这些声音之后的第一反应，是叫女性乖乖闭嘴，并将她们重新赶回厨房。妇女往往能得益于连续的革命，因为革命在大多数情况下可以让非主流的声音表达自己，而不是让统治阶级牢牢把持着话语权。整个19世纪都印证了这条规律，1968年之后也是如此。

> 我们应当解放人类的一半，也就是女性。这样，她们才能帮助我们去解放人类的另一半。
>
> ——埃米琳·潘克赫斯特（1858—1928），英国政治家

我想在本书中展示的，是法国两个多世纪以来的女性斗争史。"只讲法国的吗？"——读者可能会感到遗憾。相信我，不是我不想，而是其他内容暂时不是本书的主题。其他国家的女性斗争史，值得由其他了解那些斗争和相关背景的专业女性历史学者来书写。不过，聚焦于法国并不意味着我没有深入思考过女权主义跨越国家、跨越国族的维度。同样，当想到远方的姐妹们和她们的斗争时，我也会思考我们之间的距离，经常为自己的无知和漠然而羞愧。

我清楚地意识到，女性与女性之间也从未平等过。争取与男性平等的机会，在女性之间并不是平等分配的。法国国家行政学院[1]毕业的公共机构女领导和工厂女工之间，女大学教授和不得不周末加班的女大学生之间，白人女性和少数族裔的女性之间，存在着巨大的阶级鸿沟和种族歧视。身为女性，每个女人都在与男性的相对关系中共享着相同的境遇，彼此之间可以感同身受。但如果一个女人，在身为女性之外，还不是白人、富人、法国人或异性恋，她被歧视、被暴力侵犯、被不公正对待、遭遇刻板印象、无法被看到或被迫噤声的风险，就要大得多。

不幸的是，有一部分女权主义者似乎对上述事实视而不见。更糟糕的是，她们中的一些人现在居然重新捡起"普遍性"这个概念来为自己的漠视辩护。她们似乎忘了，几个世纪以来，将女性排除在外的恰恰是这个冠冕堂皇的"普遍性"。"普遍"本该指向包容，却成了驱逐的借口，实在令人心碎。

事实上，平民阶层的女性、少数族裔的女性，以及女同性恋者都为法国女权主义斗争做出过不可忽视的贡献。从法国大革命到19世纪末，领导女性权益斗争的绝大多数是女工人，她们为争取女性劳动者的权利进行了艰苦卓绝的斗争。第一个勇于站上法庭、公开指控强奸

---

[1] 法国国家行政学院（ENA）：法国高等学院之一，培养了大量的公务员和政府高层，包括多名法国总统。2021年4月，法国总统马克龙宣布将该学院关闭。

序章

的女人，是来自阿尔及利亚的贾米拉·布帕夏。这事发生在1960年，为她辩护的是突尼斯籍法国女律师吉塞勒·哈利米。1978年，这位女权主义女律师再度站上辩护席，为安妮·通格莱和阿拉切利·卡斯泰拉诺，两名在卡朗格峡湾遭强奸的女同性恋讨回公道。这两场诉讼对女权主义斗争来说意义非凡。1980年，强奸终于得到了法律上的定义。

在女权主义的历史中，女同性恋者的重要性没有得到足够彰显。诚然，19世纪到20世纪的很长一段时间内，女人的性取向在恐同的大环境下属于禁忌，我们也很难衡量同性恋者在此期间发挥的作用。然而，从20世纪六七十年代开始，女同性恋成了一种集体身份认同，事情发生改变。女同性恋的身份带上了鲜明的政治属性，甚至构成了一定的威慑。女同性恋者也参与到女权主义的理论和实践中，贡献了相当重要的成果。不过正如朱迪斯·巴特勒和克里斯蒂娜·巴尔的作品，以及伊拉娜·埃卢瓦近年发表的论文指出的那样，女同性恋依旧在经历双重边缘化：在女权主义运动中她们区别于主流的异性恋，而LGBT运动则复制了父权的支配结构，由男同性恋群体主导，因此女同性恋必须在二者之间，为自己开辟一片天地。1971年4月，玛丽-乔·博内、克里斯蒂娜·德尔菲和莫妮克·威蒂格发起了"红色同性恋"运动。她们揭露了男权主导对强制性异性恋的依赖，剖析了男权限制女性身体、压制女性性征的机制。莫妮克·威蒂格于1980年发表的两篇文章《直人思维》和《女人不是天生的》对此做了尤为精彩的论述。相较于异性恋女性，同性恋女性的政治分析往往更为激进。她们带来的新论据和理论武器极大地推进了对女性普遍遭受的压制的抵抗，同时号召更有颠覆性的行动手段。如今，酷儿、跨性别与间性人的运动和斗争仍在不断为女权主义注入活力，发挥重要作用。更有意义的是，这些声音迫使女权主义检视自身的不足、死角和僵局，时刻警惕自己是否在延续隐形的歧视，延续一小部分女性的隐身。

> 从来没有人花工夫讲性别歧视和种族歧视之间的关系。两种歧视都在压迫我们，有时各压迫各的，有时狼狈为奸。[1]
>
> ——贝尔·胡克斯（1952—2021），美国女性学者、作家

在这一点上，非洲女权主义者的存在同样意义重大。殖民者来了又去，殖民地的女权运动一直生生不息，自20世纪70年代的美国黑人女权运动以来，非洲女权主义从未停止对法国女权主义的叩问，这对于后者来说当然是有利的，只是其间也不乏磕磕碰碰。1976年，著名的塞内加尔人类学研究者阿瓦·蒂亚姆成立了"黑人女性联合会"，随后又在1978年写下了《黑人女性的话语》。可是在女权主义者中间，蒂亚姆的名字直到20世纪70年代仍然鲜为人知。现如今，法国女权主义不愿直面，甚至拒绝承认种族主义问题的情况，依旧亟待改观。

不存在单一的女权主义史。自诞生之日起，女权主义就包含了各种女性群体，经历了不同流派，跨越了不同政治流派、政治目标。女

---

1 这句话出自《我不是一个女人吗？黑人女性与女权主义》（1981）。

序章

权主义内部也会爆发冲突，而且往往相当激烈，但正是这些冲突让女权主义一次次重新焕发生机。对其他国家的妇女斗争，法国女权主义保持开放，有时又选择封闭，对待法国国内被忽视、被歧视的妇女群体的斗争也存在同样的问题。

  对于每一个今天仍在为性别平等而奋斗的人来说，能够了解这段漫长而复杂的斗争历史都非常重要。我们女权主义者有一段属于自己的过去，我们有自己的历史！让我们试着讲述这段历史吧！

人民主权

　　试着在写文章、发推特或发帖时用上"女作者"这个词，或者使用间隔号来保证语言性别包容性[1]，然后就等着被愤怒的评论淹没吧！不管贬损者们（居然有男有女！）怎么说——他们常常声称这无足轻重，也没有实际意义——他们反应的激烈，恰恰证明了抵制语言性别歧视的重要意义。很多人相信，语言性别包容性是21世纪的女权主义者又一个异想天开的概念，用2020年3月12日法国新闻周刊《当代价值》的话说，这足以说明她们"已经疯了"。

　　他们错了。女性对语言的抗争，从语法学家和法兰西学院院士们将男权主导嵌入法语的那一天就开始了。早在法国大革命初期，就出现过一本在性别平等问题上立场相当激进的小册子——名为《妇女向国民议会申诉书》。其中有这样一句："在语言的使用中，亦应当摒弃男性更为高贵的暗示。"最新研究倾向于认为这份申诉书是一群男人的大作，他们想要贬低妇女的斗争，就以一种过分夸张的方式来呈现妇女的诉求。就和今天的《当代价值》差不多！无论如何，关于语言中性别平等的辩论，那时就已经非常热门。今天的女权主义者呼吁用"droits

---

[1] 法语中名词、形容词对应配合的默认形式为阳性单数，这被视作语言中内置的性别歧视。以 auteur（"作者"）为例，使用对应的阴性名词 autrice（"女作者"），以及使用间隔号 auteur·e·s，都是保证语言性别包容性的努力。

humains"替代"droits de l'homme"来表示人权，后者模棱两可，亦可理解为"男人的权利"。而早在1791年，奥兰普·德古热就在《女权宣言》（全称《女权与女公民权宣言》）中批判过虚假的"中性阳性"。1848年，让娜·德鲁安拒绝使用"普遍选举"一词，坚持要在前面加上"男性的"，称之为"男性的普遍选举"，以抗议女性被剥夺了投票权。在1848年的一份记者和编辑全为女性的报纸《妇女之声》上，有人使用了 le peuple souverains（"人民主权"），在单词 souverain（"主权"）后加上了表示复数的字母"s"，同样是为了抵制虚假的中性，让妇女也成为权利主体的一部分。1898年，于贝蒂娜·奥克莱尔这样宣告：

在词典中省略阴性，在权利中无视女性。前者对后者的推波助澜比我们想象的严重。不应轻视通过语言实现的解放。……语言的女性化已经迫在眉睫。当我们想要描述女性取得权利后能获得的好处时，却找不到对应的词语。……等到词典被修订，语言女性化大功告成的那一天，这部属于未来的词典当中的每一个词，都将是对男性利己主义的一次强有力的警告。

——《法兰西学院与语言》，《激进报》，1898年4月18日

第一章

"女人没有过去,女人没有历史"

女性史
的故事

自古以来，人们编写出来、公开出版、再拿去教学的历史，就是由男性生产的历史，基于由男性主笔的材料，也是从男人的故事中构建叙事。这样的历史，看上去讲的是不分男女的人类全体，仔细研究才会发现，它只提到了人类的一半——男性的那一半。能进入史册的都是男人，不仅是男人，还得是男性伟人，就算有平民百姓被提及，能讲到的还是其中的男人，比如讲工人，默认不会提到女工人……

肯定会有人说，是这样没错，但这也很正常啊，毕竟掌握政治大权，主导经济、政治、文化的，都是男人。的确如此，可这是为什么？为什么没人写一部历史来解释一下这种垄断，这种驱逐？为什么继续参与这个神话的复制，而不是提出疑问？为什么一直讲法国国王的故事，却从来不问为什么法国没出过女王并思考一下原因？毕竟我们的邻国英国和奥地利都有过女王……为什么总是说普遍选举诞生于1793年，1848年再次确立，而不说明一下——仅限于男性？不解释一下为什么不给女性投票权？不仅如此，这难道不也说明，只有掌权的人才能被写进历史？可是，历史本不该只关注拥有权力的人……一旦我们转向社会史，一旦我们从国民议会的半圆阶梯议事厅里走出来，离开宫廷与内阁，走向乡野，走向小作坊，走向马路与大街，就会看见更多女性的身影。

问题在于，要书写历史就需要有史料，而绝大多数史料是笔录而非口传。那通常情况下，笔握在谁手上，是谁写了又写呢？男人。

还不是因为长久以来，从来没有人想过要教女性读写。而那些极少数会写作的女人，还需要找到出版商来出版她们的作品，不然她们的作品就很难流传至今。因而为了书写女性的历史，需要找到手稿、史料等之外的线索和材料。值得注意的是，女性和女性史所面对的困难，工人阶级、外国人、非白人种族、殖民地土著等其他受压迫的群体，同样在面对。

> 在历史上，绝大多数"匿名者"是女人。
> ——弗吉尼亚·伍尔夫（1882—1941），英国作家

女性在历史学科中的隐身对应着女性在大学中的隐身。显然这不是简单的巧合，二者之间存在着因果关系。直到20世纪60年代，所有法国大学的教授都是男性，女性最多只能获得助理的职位。她们不是不做研究，也不是没有产出，只是她们的劳动成果既没有机会发表，也不会帮她们敲开研究机构的大门。那几十年里，如果没有妻子或女

第一章　女人没有过去，女人没有历史

秘书帮忙审校手稿再打印出来，有多少大名鼎鼎的历史学家能产出工作成果？这些无名的女性通常还要做文献梳理的工作，而这一切获得的承认，往往不过作品开头一句模糊的致谢——"致朱莉"。朱莉，我们如何知道你是谁？我们如何知道你为这部著作做出过什么贡献？

"她的历史"

　　幸好，事情有了转机。20世纪70年代，法国大学学界先后迎来了米歇尔·佩罗、安妮·克里格尔、马德莱娜·勒贝里乌和罗朗德·特雷贝四位女教授，很快又有更多人加入。这些女学者也积极参与了当时的女权主义运动。在朱西厄的大学校园（指的是巴黎七大[1]），包括米歇尔·佩罗在内的三位女性历史学家发起了一轮题为"女性拥有历史吗？"的研讨会。十年之后，在圣马克西曼举办的主题为"一种女性的历史是可能的吗？"的学术会议汇集了多位历史学家，其中女性占多数。问题的答案应当是肯定的，因为到了90年代初期，五卷本的《女性史》诞生，主编是乔治·迪比（他其实没做什么，但大概总归需要一个男性出现在封面上吧）和米歇尔·佩罗。1998年，又有一场学术会议在鲁昂举办，这回的主题是"一种没有女性的历史是可能的吗？"。三个问题的演进——不难看出是故作天真——很好地体现出这二十年间历史学科不断叩问自身所取得的进步：在此期间，选择做女性相关研究的女性学者团体如雨后春笋般在各地涌现，第一批女性史研究的学术刊物创办出来，女性史领域的国际交流也开始出现，因为全世界的高等院校都在朝这个方向奋力开拓（美国同行的研究成果尤为突出，

1　巴黎七大：官方名称为巴黎狄德罗大学，当年主校区在朱西厄。

第一章　女人没有过去，女人没有历史

处于领先地位，也是她们率先呼吁用"herstory"表示历史，代替原本的"history"）。还应该指出的是，这一影响也波及人文社科的其他领域，先是社会学，然后是人种学、人类学、地理学等学科，都开始对学科中女性的隐身问题进行反思。

各个学科在20世纪70年代前后纷纷觉醒，不是没有原因的。对于女性权益斗争而言，这十余年的意义至关重要。70年代是"妇女解放运动"诞生的年代。1970年夏天，有人在无名战士墓前留下一束鲜花，上面写着"比无名战士更无名的，是他的妻子"[1]。"妇女解放运动"自此象征性地开启了，一支颂歌很快传唱开来，开头的几句歌词就是这一章的标题——"女人没有过去，女人没有历史"。把历史还给女性的时刻，终于到了！

> 由男性书写的关于女性的一切记录都应该被怀疑，当事人是他们，法官还是他们！
>
> ——弗朗索瓦·普兰·德拉巴尔（1647—1723），法国哲学家

承接1968年的"五月风暴"，20世纪70年代同时见证了一个重大的整体转折：被压迫的男男女女终于获得了开口讲话的机会，被排除

---

[1] 1970年8月26日，妇女们在巴黎凯旋门敬献花束时留言。

在外的、被迫噤声的、被埋没的，都被听见了。在广大的妇女群体之外，穷人、移民、同性恋者，乃至美洲印第安人，每一个曾在征服者主笔的历史中沉默的人，都开始发出自己的声音。

剩下要做的，就是打破"普遍性"这个迷惑性的概念，让所有人看到所谓的"普遍"，实则意味着"（富有的欧洲白人）男性"。穿越烟幕，我们会发现背后在运作的是一种高度性别化的两性认知。其中"女性"的内涵自然是固化的，"男性"其实也是，二者之间的关系错综复杂。社会性别关系、文化性别关系、政治性别关系的研究自此开启，男性与女性在社会上、在城市里、在家庭中、在夫妻间分别占据怎样的位置，扮演怎样的角色？在研究中，女性不再被晾在一边，问题的重心转向男女之间的性别关系，以及两性各自的位置和角色。在美国，学科史上的这一演变被称为"性别研究"。女性的历史转化为"性别"的历史，也就是被建构出来的社会性别和文化性别的历史，这就意味着社会科学需要研究男女两性在不同社会中的地位是否不同。结果一目了然：人生来有男有女，这一点在哪里都一样，但在不同时代和不同空间，两性在不同社会中的地位却有着极大差别。因此我们可以说，性别存在着两个维度：生理性别和社会性别。总而言之，在历史中发展演变的是社会化的性别。认识了这一点，我们也就能在女性史之外，开启对阳刚、男性特质、同性恋等其他诸多概念的历史溯源。

第一章 女人没有过去，女人没有历史

> 我们不是歇斯底里的，我们是拥有历史的。[1]
> ——巴黎玛格丽特·迪朗图书馆标语，2017年夏天

然而在法国，由于存在思想观念上的抵制，"性别史"这一术语的确立花了不少时间。毕竟，有一部分人很难接受这样的观点：一个小孩算小男孩还是小女孩，不是生下来就能确定的。还有一部分人，他们之所以害怕用性别建构的方式阐释社会性别，是因为内心深处恐同。"性别研究"这一正确的术语在巴西和匈牙利的一些大学甚至被禁止，改叫"性别理论"，而抵制者往往有发表过恐同言论或支持过"恐跨"[2]政策的"光辉往事"。第一部敢于在书名中使用"性别"一词的法国历史专著——《变动中的性别：男性与女性，从中世纪到今天》，直到2003年才面世，比美国晚了近20年。

"交叉性"这个概念也丰富了女性史以及之后的性别史的研究。所谓"交叉性"，指的是交叉研究各种形式的压迫，以更好地理解它们之间会有怎样的相互作用，比如研究阶级压迫、性别压迫、种族压迫在同一群体或同一个人身上，会如何叠置起来，施加复合的影响。将这

---

1 原文用了一个hystérique（"歇斯底里的"）与historique（"历史的"）的谐音梗。
2 "恐跨"："跨性别恐惧"的简称，指对不符合社会性别期望的个人产生厌恶、排斥或恐惧等心理。——编者注

种研究方法命名为"交叉性"的是美国黑人社会学家金伯利·威廉斯·克伦肖。她研究了美国黑人女性所遭遇的双重歧视，结果发现她们遭遇的这些歧视既不同于白人女性，也不同于黑人男性。转入史学领域之后，交叉性这一源自社会学的研究方法格外切中要害，有效避免了女性史滑入占据支配地位的女性（有钱女性和白人女性）的历史。也督促历史学家们加倍留意女性群体内部的压迫机制和不平等。事实上，很长一段时间以来，女性史研究都对殖民地的情况视而不见，而性别问题又不在殖民研究的讨论范围之内。20世纪80年代在印度兴起，后又来到英国的"底层研究"（或称"庶民研究"），聚焦被边缘化的人群，旨在重建边缘群体的角色，恢复其话语权，然而对于女性议题，这种研究起初却是漠不关心的。"交叉性"出现之后，透过性别视角分析殖民的研究多了起来，非常鼓舞人心。就法国国内而言，《克利俄》杂志在其中发挥了非常关键的作用。同样，在同性恋研究领域最初也存在着类似的隐形歧视，对男同的研究远远多于对女同的研究，后者明显落后于前者。好在女学者们正在迎头赶上，法国的克里斯蒂娜·巴尔就是领导者之一。

要书写受压迫者的历史，尤其是书写女性史，还要警惕另一种错误的倾向，那就是陷入受害者叙事。女性历史学家们很快就意识到了这可能导致的问题：这样的叙事会将女性简单地描述为受压迫者，遮蔽更多的面向，否认女性自身的能动性。

在法国，女性和性别史作为一门学科的地位已经确定下来，发展得还不错。三所大学设有女性史教席,多所大学开设了女性或性别研究的硕士学位。近年来这一领域的学术研讨也日渐频繁起来,每年都有不少关于女性史和女性主义的著作(包括百科全书)面世,读者可以从本书末尾的参考文献中窥见一斑。对女性主义文献的关注,以及对更广义的女性历史档案的关注越来越多。顺便一提,这种关注也有其历史传承:你听说过埃莉什卡·樊尚和弗洛里斯蒂娜·莫里索吗?她们在1914年向社会博物馆捐赠了超过60万本私人藏书和文献,希望建立一所女性主义学院,可惜后来那些书都遗失了。还有玛格丽特·迪朗和她创立于1932年的图书馆,我们之后会详细谈到。近年来,国家和大区级别的文献机构多次发起了针对女性档案的征集,号召法国人翻出母亲、祖母和外婆留下的故纸堆,发掘被忽视的珍宝。就连基础教育的课程设置都在为女性史留出空间,尽管大多数努力似蜻蜓点水,比如在教材里设置一个跨页专题,或者要求学生"画出一位(一位就够了吗?)你心中伟大女性的形象"之类的。我们真正期待看到的是更彻底的反思和改变,让性别意识真正在教学的每一个环节得到贯彻。

最后还应指出,我们不能因为上述进步就掉以轻心。以谟涅摩叙涅[1]协会为代表的一些性别史协会和联盟通过调查发现,2018—2019年的中学课程设置在性别意识方面出现了明显倒退。另外,性别研究对

---

1 谟涅摩叙涅(希腊语:Μνημοσύνη):希腊神话中司记忆、语言、文字的提坦女神。

少数群体的关切还远远不够。LGBTQIA+的历史值得在教学中占据更重要的篇幅。十多年前,巴黎市政厅就做出过相关承诺,至今尚未兑现。此外,高等院校的性别研究学科及"交叉性"这一研究方法所受到的攻击,近年来也从小圈子内蔓延到了极右翼,企图谋求更大的声量。最近几年,抨击"性别理论"的报刊文章只增不减,往往还伴随着对"土著运动"[1]的污名化,甚至登上了《费加罗报》。社交网络上也出现了对性别研究研讨会的攻击。学者(尤其是女学者)的名单在"政教分离反对派"等极右翼组织内流传。作为代价,学术自由受到了严重威胁。

---

1 "土著运动":原指拉丁美洲的一场政治和文学运动,在法国其含义发生转向,被用来指代捍卫后殖民时期移民人口身份的思潮。"土著运动"被反对者批评是在利用反种族主义的话语来促进反白人的种族主义。

第一章 女人没有过去,女人没有历史

贝克德尔 – 华莱士测试

"贝克德尔–华莱士测试"最早出现于美国连载漫画《不可轻视的女同性恋者》。在《规则》(1985)这一话中,作者艾莉森·贝克德尔以其好友莉兹·华莱士的一个点子为灵感,创造了这个测试,以评判一部电影的性别歧视程度。"贝克德尔–华莱士测试"仅包含三条标准:

第一,作品中至少要出现两个女性角色;
第二,两个女性角色之间至少交谈过一次;
第三,她们所谈论的主题不能和男人有关系。

看上去很简单是不是? 真的做起来,没有几部电影能通过,不信试试看! 这个测试启发了诸多致敬版本,揭示出各种各样的性别歧视、肤色歧视和有效性歧视。

第二章

女同胞们，
该醒醒了！

女公民！

法国大革命是一段至关重要的时期，对于女性、女性权利和女性斗争史而言都是如此。女性群体充分参与了法国大革命。法国大革命期间，女性在家庭中的地位、女性的社会角色以及性别平等等议题被提出和讨论。但它也一次次让妇女群体失望，一步步将她们驱逐出去。回顾法国大革命期间的女性史，将有助于我们理解代议制民主是如何在架空女性的情况下诞生的。

法国大革命之前，国王路易十六主持召开了"三级会议"，需要选举议会代表、编写陈情书，无形中产生了动员民众，提升其政治意识的效果。其中，妇女发挥了相当重要的作用。她们终于得到了为自己发声的机会，在阶级成员和职业属性之外，表达自己作为一个女性的不满。当然，并不是所有的妇女都能参与，有机会表态的除了少数几个妇女团体以外，基本上是寡妇或修女。但不论如何，女性的声音还是被听见了——除了陈情书，她们还印制了大量写有妇女诉求的小册子，控诉阻碍女性的无知之恶，呼吁社会培养更多的助产士，以解决分娩死亡率居高不下的问题。她们要求离婚权，强烈谴责妇女政治权益的缺失，控诉"三级会议"代表默认不提名女性候选人等不公平现象。

自 1789 年以来，作为全民革命的重要组成部分，妇女和男人一样取得了不少成果。就这样，她们成了女公民（citoyennes，应该用阴性形式！），享有思想自由、言论自由、信仰自由、结社自由等政治权利，也拥有签署合同、提起诉讼等民事行为能力。换言之，她们不再像旧制度下那样，是法律上的"二等公民"了，只可惜，好景不长……无论如何，法国大革命给予了女性充分的尊严，奠定了女性作为自由个体和权利主体的地位。

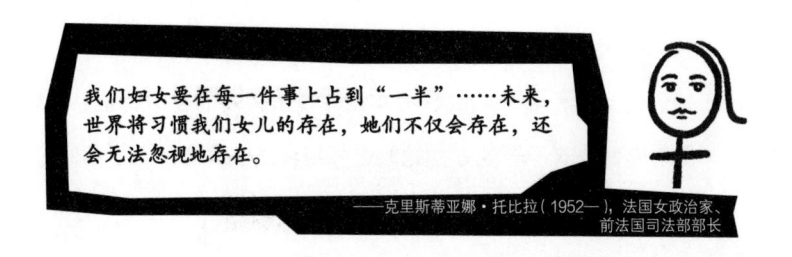

> 我们妇女要在每一件事上占到"一半"……未来，世界将习惯我们女儿的存在，她们不仅会存在，还会无法忽视地存在。

——克里斯蒂亚娜·托比拉（1952—），法国女政治家、前法国司法部部长

法国大革命也是一段高度政治化的时期，女性（最起码是那些卷入其中的女性）在其中得到了和男性一样的锻炼：法国大革命提供了公开表达立场和诉求的机会，无论这些诉求是关乎女性境况本身的，还是关乎更普遍的社会议题的。她们汇聚起来，彼此联合，创立了大大小小的女性俱乐部、女性会社（用今天的话说，都遵循非混合原则），比如克莱尔·拉孔布和波利娜·莱昂创立的"共和与革命妇女公民协会"。她们给报纸投稿，编写小册子，旁听国民议会——最初并不禁止妇女。

一言以蔽之，法国大革命以自己的逻辑和生态，将妇女改造成了积极的政治参与者，遍布每一个社会阶层，涵盖每一种政治立场。女革命者、女反革命者、女山岳派、女吉伦特派等，纷纷出现⋯⋯

然而，上述这些激动人心的变化始终只涉及少数有机会投身大革命的女性，其中绝大部分是出身城市的积极活动分子，其余的广大妇女则继续过着相对平常的日子。这一点对男性同样适用。无论男女，参与革命的始终只是少数人。然而，女性活动分子和男性活动分子的典型画像并不相同。典型的男性革命斗士年纪大多三四十岁，而典型的女性革命家则分布在两个年龄段上：要么小于25岁，要么超过45岁。想想就明白为什么了：妈妈们有一大家子要照料，没空闹革命。毕竟，拉扯小孩不是大老爷们儿会操心的事情！此外还应当注意的一点是，相比于她们的丈夫，妻子们的政治实践体现出更高的自治特征：在咖啡馆、俱乐部、洗衣房等地方，她们选择与自己并肩商议、了解时事、讨论争辩的，都是自己的女邻居或者女朋友。

> 自由、平等、姐妹情谊。[1]
> ——巴黎的标语，2019年

由此，大革命也为女性带来了一定程度的两性平等。在结婚年龄、

---

[1] 这是对法国国训"自由、平等、博爱"的改写。fraternité（"博爱"）按词根理解应为"兄弟之爱"，女性主义者们因此创造了与之对应的sororité（"姐妹之爱"），中文通常译为"姐妹情谊"。

配偶选择、同意的重要性、离婚动机等方面，1792年的《婚姻法》给予了她们与男性同样的权利和条件。1791年和1792年的法律规定，同胞的兄弟姐妹享有平等的继承权。1792年到1793年，孔多塞侯爵与圣法尔若侯爵路易-米歇尔·勒佩勒捷相继提出关于基础教育的设想（前者的倡议后来为督政府采纳），认为女孩和男孩一样都应当接受公共教育。妇女们争取的目标一一实现，成果斐然：从前教会不准许离婚，现在可以了；非婚生子女也得到了承认。

于是，妇女成了女公民。

然而，是未完成的女公民。

第二章　女同胞们，该醒醒了！

"普遍"的障眼法

　　法国大革命赋予妇女的权利是有限制的,而且不是一点半点的限制!别的不提,选举权就没让出来:整个法国大革命期间,选票和火枪互为表里;公民权的勋章,一面是投票选举,另一面是加入国民自卫军。妇女们没有获得选举权,因为军队还彻彻底底是男人的天下。

　　每一场革命都会以某种方式催生一个公共场域,这个场域会因为频繁的起义和暴动而骚动不安。然而当风波过去,生机勃勃的状态会持续下去,因为在这个公共场域内,已经发起的讨论仍会继续,对话语权和发声空间的争夺也不会停止。身处这个场域的民众数量惊人,覆盖社会的每一个层级。于是,在讨论不断发酵的同时,一种结构也在悄然确立——换言之,国家和制度一起诞生了。妇女参与了导致法国大革命的那些起义,也得以在场于随之出现的公共场域,投入大量的心血(只要她们有权利有机会),可最后的权力结构却与她们保持着冷漠的距离。权力运作的场所将她们排除在外,从地方到国家的每一级革命议会都大门紧闭:女性不仅无权入场,而且连选择哪些男人可以在会上代表她们的权利都没有。

　　诚然,在少数几个革命家看来,对女性的驱逐不过是暂时的。一旦妇女的教育得到发展，限制自然会消失。西耶斯[1]神父持的就是这种观点。当然，不是没有破例过：1793年有关公共财产分配的议会表决和1793年6月24日《雅各宾宪法》的全民公决，都曾准许妇女参与投票，只不过要等到男性投完才能投。

其他的男性革命者则可以分成两种：一拨人相信女性天生"低人一等"，因而不适合参与投票，更不适合成为候选人；另一拨则坚信，为了社会的长治久安，为了大家和小家的幸福，妇女们还是不要抛头露面为妙。在他们看来，女人就不该拥有选举权。

> 将女性处境定义为当下这种形态，让男女都饱受折磨的罪魁祸首，是男性的法则，是男性为了自身利益而建立的社会。[2]
>
> ——西蒙娜·德·波伏瓦（1908—1986），法国哲学家

1793年妇女深度参与埃贝尔派[3]之后，对女性的排挤变本加厉。为了粉碎忿激派[4]对更加激进的社会政策的呼吁，当时由山岳派[5]主导的国

---

1 西耶斯（Emmanuel-Joseph Sieyès，1748—1836），耶稣会修士，法国大革命时期的政治理论家、活动家。
2 这句话出自《第二性》（1949）。
3 埃贝尔派：法国大革命时期雅各宾派的左翼，代表城市平民阶层的利益。——编者注
4 忿激派：法国大革命时期代表城乡贫民利益的革命派别。——编者注
5 山岳派：法国大革命时期国民公会中的革命民主派，因坐于会议大厅的最高处得名。——编者注

第二章　女同胞们，该醒醒了！

民公会向女性埃贝尔派党人开火，1793年10月剥夺了一项本已承认给女性的权利——结社权。一夕之间，法国女人，不管是不是埃贝尔派的，都不能自由结社了。督政府[1]时期，起因同样是政治斗争（这回打击的对象是山岳派），在共和三年的芽月和牧月，即1795年4月和5月的几场（妇女发挥了重要作用的）动乱之后，女性又失去了旁听国民议会的权利，在街上超过五人的集会也不再被准许。那段时间，报纸上的厌女言论泛滥成灾。想要从政的女人被描绘成歇斯底里的嗜血悍妇、被女性特有的愤怒所吞噬的残暴女妖，是糟糕的母亲、不合格的妻子、道德败坏的坏女人。

面对这步步紧逼，妇女们当然做过抗争。今天看来，她们似乎最应该集中在争取选举权，多做些1791年奥兰普·德古热《女权宣言》之类的努力。然而，仔细看看当年的请愿书和小册子，我们会发现，法国大革命中妇女的头号抗议对象居然是针对女性携带武器的禁令，申请持枪（以守护法国大革命）的请愿比要求选举权的要多得多。要理解这种现象，我们需要明白，武装卫国远不只是爱国举动，更是对公民权的深刻诉求，对与男人平起平坐的深刻诉求。那时，与投票选举相比，携带和使用武器是一种更加强烈的公民身份体认，尤其是在法国大革命的战火越发凸显了自卫的必要性之后。

---

[1] 督政府：指法国大革命中于1795年11月3日至1799年11月9日执掌法国的政府，前承国民公会，后启执政府。

去他的父权制

可女性越是抗议，父权制下的男性特权就将壁垒砌得越高，斟酌词句，炮制反对女权主义的论调。这一可悲的"遗产"，几个世纪之后仍在流传。

法国大革命的确意义非凡：第一次，有人对性别关系提出疑问；第一次，有人公开讨论妇女的地位。尽管这一切都随着女性被架空而结束，但我们不应忘记，这些问题一度被提上议程。光是这一点，已经相当不可思议了！大革命见证了妇女先辈们非凡的勇略，也是她们未竟的事业。

第二章 女同胞们，该醒醒了！

女权与女公民权

作为女权主义的先驱,奥兰普·德古热的《女权宣言》是最知名,也最常被提及和引用的文本之一。然而,这篇宣言最初发表时并没有多少人知道,而且相比于当年的其他大多数女性革命者,奥兰普·德古热本人实际上相当特别。

奥兰普·德古热本名玛丽·古兹,出身于法国外省的一个平民家庭。因丧夫(丧夫可是解放了那个时代的不少妇女)来到巴黎后,她开始尝试写作和演戏,获得了一定的成功,很快在一个不错的布尔乔亚圈子里站稳脚跟,她坦诚豁达的立场也获得赏识。法国大革命初期,她和偏自由主义的开明保王党走得很近,以女性权益的维护者自居。在政体方面,她支持自由主义的纳税投票君主制[1],同时倡议废除奴隶制,为有色人种争取权益。《女权宣言》发表于1791年9月,题献给王后玛丽-安托瓦内特。在德古热常常拜访的那些自由派朋友中间,这篇文章小有名气,但出了那个圈子就无人知晓了。原文最初似乎只印了

---

[1] 纳税投票制是一种特殊的选举模式,区别于普选,在这种模式下,公民只有在纳税超过一定限额后才有资格进行选举。在法国,复辟时期和七月王朝时期均实行这一制度,故而学界将两段时期的制度合称"纳税投票君主制"。

去他的父权制

区区五份，很快被人遗忘。到了19世纪40年代初，宣言中的几个片段被人翻出来登在了报纸上，并被1848年的一份完全由女性运营的报纸《妇女之声》引用。一直到1986年（没想到吧！），伯努瓦特·格鲁才将全文重新发表，从此确立了它作为法国女性主义标志性奠基文本的地位。

从那时起，奥兰普·德古热就成了公认的偶像。事实上，法国大革命期间绝大多数女革命者来自平民阶层，属于无套裤党[1]，亲近山岳派，甚至是埃贝尔派，总体立场偏社会民主，而奥兰普比较温和，是个亲近自由主义的吉伦特派。相比于其他的激进派，奥兰普的形象更容易被人接纳。在当下右翼对社会民主革命的抨击甚嚣尘上的大背景下，找出几个自由派的女英雄作为偶像，是不错的一着棋……

> 是时候了。别再把我们看作卑屈的妻子、家养的宠物。
> ——共和与革命妇女公民协会对雅各宾派的宣言，1793年5月27日

在《女权宣言》中，奥兰普·德古热旗帜鲜明地驳斥了一切将女性甩给自然，把文明留给男性的言论。依照这样的观点，男人创造，女人生育，而男女之间一切的不平等都可以归于女人天生的"柔弱"——

---

1 无套裤党（法语：sans-culotte）：又称长裤汉，法国大革命时期对革命群众的流行称呼。他们主要是城市劳动者，穿粗布长裤，有别于穿丝绒短套裤的贵族富豪，故名。

第二章 女同胞们，该醒醒了！

多愁善感。她的反驳不乏幽默，以子之矛攻子之盾。同样提到所谓的"天然"，却用来论证女性的优越："母亲要经历的痛苦和折磨，充分体现出女性才是更美丽、更勇敢的性别。"相当巧妙的反击！本质主义者们大谈特谈"力之性"与"美之性"的对立，其实还是在夸女性美丽的幌子下强调她们柔弱，好名正言顺地排挤她们。德古热却将"更美丽"视为一种优越性。至于本质主义者喜欢用来说明女人多愁善感之起因的母性，到了德古热这里，却成了女性"更勇敢"的明证，毕竟成为母亲，意味着不得不忍受分娩的痛楚。不过话说回来，德古热的说法还是将女性引回了母性，而孔多塞对此有着不同的论证思路："为什么仅仅因为女人会怀孕，会短暂地行动不便，就不让她们行使权利？有些人每年冬天都会犯痛风，也容易感冒，为什么他们的权利没受什么影响？"（《论准许女性公民权利》，1790 年 7 月 3 日）

奥兰普·德古热最想争取的是政治上的两性平等，特别是选举权，尽管她本人从来没有使用过"选举权"这个词。不过，当她写下"国家是男人和女人的联合"这样的句子，当她认为自己作为一个女性同样是国家的主人，就等于是在说妇女应当享有政治权利，参与投票选举。当她在文章中设想每一位公民，不论男女，都应当亲自或者通过代表参与法律的制定，她其实是在为女性主张选举权和被选举权。最后别忘了，作为一个自由主义者，奥兰普·德古热是支持纳税投票制的。她在文章里没有明说，但当她主张政治权利时，她所指的都是有条件的女性，而不是广泛的女性同胞（当然，男性也一样）！

〜〜〜

　　然而,《女权宣言》在持有武器这一点上出乎意料地保持了沉默。奥兰普·德古热并没有要求加入公共武装力量的权利,而这是1789年《人权宣言》(全称《人权与公民权宣言》)第12条明确规定的。抛开这一点不提,《女权宣言》可以说是完成了对《人权宣言》的隐秘重写。《女权宣言》的结尾落在谴责男性的压迫和婚姻的暴政:"男人,[……]谁给了你主权帝国来压迫我的性别?"在彻底改造过的第11条中,奥兰普·德古热为未成年母亲呼吁,要求承认非婚生子女,但没有提到离婚问题。

　　意义最为深远的一点在于,奥兰普·德古热号召妇女积极投身于反对男性暴政的斗争:"女同胞们,该醒醒了! 理性的警钟已响彻整个宇宙,认识你的权利!"正是这一点,使得《女权宣言》不同于同时代的其他文本,得以在20世纪被重新发掘并重视,成为一个标志性的文本。奥兰普·德古热采取的立场终究是相当罕见的:在某种程度上,她号召的其实是将革命斗争转移到保护妇女反对男人的斗争上来。她鼓励妇女成为公民,成为主权者,这也正是她本人身体力行的——作为主权人民,写下自己的权利宣言。

〜〜〜

　　奥兰普·德古热在1793年死于断头台。很多人以为她是因为女权主义立场而牺牲的,事实并不是这样,实际原因是她所支持的吉伦特

第二章　女同胞们,该醒醒了!

派在那一年倒台。

德古热没有死于女权主义,但她因为自己的女权主义立场受到的诽谤中伤可一点儿也没少。在她被斩首示众的次日,一份山岳派的革命传单这样写道:"奥兰普·德古热生来就想象力过度丰富,以至于把自己的神志不清误认为是大自然的启示,妄想像男人那样登上政坛治理国家。她与叛国者共同谋划,企图分裂法国。她忘却了与自己的性别相称的美德,犯下滔天大罪。如今看来,这个阴谋家已经得到了法律的惩罚。"

打毛线的女公民

带上你的棒针,带上你的毛线。走到国民公会所在地——杜伊勒里宫。国民议会正在辩论,一起去旁听吧,因为妇女没有资格发言。等等,再等等。打打毛衣,时间就这样过去了。等啊等,会议开始了。侧耳倾听。积极回应。这个人该"嘘"!那个人说得不错!基本生活物资设定最高价格,我们支持!囤积面包的人就该严惩。花一天时间,和其他姐妹一起,在旁听席认真听、认真参与、认真讨论。离开之前写一份会议报告,投给巴黎每一个区的公民议会。在有限的权利范围内,作为一个女公民,充分参与政治生活。最后,被轻飘飘地叫作"打毛线的",在公共场域内的深度参与,仿佛就这样被简化为一种女性气质突出的活动。"打毛线的"——这个蔑称所遮蔽的,是法国大革命期间妇女们彰显出的公民意识。

在罗伯斯比尔倒台之后也不放弃,让国民议会的旁听席变成民众抵抗的大本营。支持最后的山岳派,捍卫社会民主。1795 年 5 月,"牧月法令"颁布,剥夺了妇女参加会议的权利。被驱逐,被鞭笞,然而你们还是要来……最后,反革命分子把你们与断头台相连。夏多布里昂先生（真是谢谢您了[1]）在《墓畔回忆录》里这样描写"编织者"："我所认识的，唯有理性女神。她的分娩因通奸而加速，在死亡之舞中发生。恶魔之舞的叠句，自她肮脏爬虫的公共侧翼落下，又与环绕脚手架的编织者一起摇摆，伴随着金戈之声起起落落。"

荣耀归于你们，打毛线的女公民，被不公正地遗忘的编织大革命的女性！

---

1 原文带有反讽意味。

穿裤子的权利

《妇女向国民议会申诉书》这篇短文，作者不明，出版社不明，也没有确切的出版日期，只知道发表于18世纪90年代，然而文中提出的主张却石破天惊：废除男性特权，推动法语语法阴性化，给予女性充分的公民权利和政治权利，以及这一条——"穿裤子的权利"。这项权利可以按照字面意思理解，也可加以引申：在法语中，porter la culotte（"穿裤子"）有在夫妻间、家庭中做主的意思。作为激进派的一颗明珠，《妇女向国民议会申诉书》经常为女权主义者所引用，尤其是在近年来语言中的性别包容问题引起越来越多的关注之后。只不过……只不过有一些历史学家认为，《妇女向国民议会申诉书》其实是伪作，由男人执笔，目的是用一种夸张的风格来贬低女性的诉求。有趣的是，如今引起广泛讨论的语言性别平等问题，当年就已经处于辩论的核心。至于这篇文章到底是女权主义的，还是反女权主义的，谁也没法儿下结论。无论真相如何，都很有意思！

法令草案

为改革遗毒最深、泛滥最广之弊，扭转六千年以降不公正之误，国民议会特颁布以下法令，以期遵守：

1. 法国上下将彻底废除男性特权，不可逆转；
2. 男性之自由、优势、权利以及荣誉，女性将同样享有；

3. 在语言的使用中,亦应当摒弃男性更为高贵的暗示,盖因一切性别、一切生命均应同等高贵;

4. 契约、合同、规章中禁止再出现如下条款:"为本文件之目的,妻子已得到其丈夫的授权。"这一常见的表述对于女性这一美丽的性别,已构成深刻的侮辱,因为双方理应享有同样的权威;

5. 长裤不应再为男性独占,两性均享有轮流穿着之权利。
……

第三章 两性的新秩序

《法国民法典》
将女性压垮

1880年7月14日的法国国庆节，在巴黎十三区巡逻的警察紧急向警察局局长报告，于火车站大道（今樊尚·奥里奥尔大道）发现一处涂鸦："对我们女性来说，这一天并不是节日。男人的自大和自私依旧在奴役我们。这帮忘恩负义的家伙已经把自己的职责抛在脑后。有识者们，让我们联手改变他们的法律。打倒《法国民法典》！它是囚禁女性的巴士底狱！"警察局局长最终决定，只把涂鸦中真正提到斗争目标的那句话——"打倒《法国民法典》！"——擦掉。

1804年的《法国民法典》，诞生于拿破仑统治时期，是罗马法体系、法国大革命遗产以及一些旧制度惯例的复杂混合。关于拿破仑究竟是法国大革命的继承者还是掘墓人，历史学家们还没吵明白，但说到妇女权益，拿破仑绝对是"第一"终结者。诚然，自1793年起，法国大革命就已经出现了开倒车的迹象，但那时起码还承认女性的民事行为能力，承认夫妻平等。等到《法国民法典》颁布，全完了！法国女性的境况一下子跌到了全欧洲倒数。毕竟，在深受法国南方文化影响的拿破仑眼中，"妻子是丈夫的财产，正如果树属于园丁"。

《法国民法典》对婚姻的定义从根本上就是不平等的，对此，第213条体现得淋漓尽致："夫应保护妻，妻应顺从夫。"拿破仑坚持要求全法国的结婚典礼上都要宣读这句话，因为（小心不要被气到）"近百年来，很多妇女已经忘了低人一等是什么感觉，因此直白地提醒她们一次是很有必要的。要记住，应当顺从那个即将成为她们命运主宰的人"。依照《法国民法典》，妻子应当顺承其丈夫的姓氏和国籍，无权选择，也无权离开婚后的家庭。甚至还有这样的话："家庭的大法官（丈夫）为了获得尊重，可以适当地使用武力以增加其权威。"不如把话说明白了，这就等于允许家庭暴力！

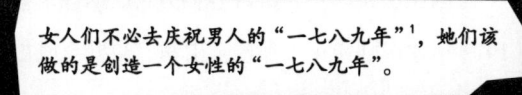

> 女人们不必去庆祝男人的"一七八九年"[1]，她们该做的是创造一个女性的"一七八九年"。
> ——于贝蒂娜·奥克莱尔（1848—1914），法国政治家、记者

此外，依照《法国民法典》的定义，妻子完全不具备民事行为能力，和未成年人没有任何区别。没有丈夫的准许，她不能工作，不能开户，不能提起诉讼，不能签署文件，不能参加考试。就算"夫君"大发善心准她上班，她的工钱也会直接转给丈夫。她唯一享有的权利是对奁产的监督权，这是婚姻契约保证的，因为奁产是家庭财富的一

---

1 原文是 quatre-vingt-neuf（"八十九"），于贝蒂娜·奥克莱尔在这里用 quatre-vingt-neuf 指代的应该是"一七八九年"，即法国大革命爆发的年代。——编者注

第三章 两性的新秩序

部分。

通常来说，夫妻双方都应当对彼此忠诚，但事实上，男女在这项义务上并不平等。妻子出轨会被视为犯罪，要吃两个月到三年不等的牢饭，而且法官常常会从严量刑，尤其是在 19 世纪初。而男人呢，除非把情妇带回家，否则就不算犯罪（换句话说，只要不进家门，就是"三角裤的狂欢"！）；就算被逮住，交点罚款就可以了结。这与其说是对通奸的处罚，不如说是为一夫多妻制大开方便之门，毕竟公开重婚是要被判刑的。之所以在判罚上出现如此大的差距，是因为如果妻子出轨，家里可能会出现一个通奸生的孩子，而丈夫依照法律仍然要履行抚养义务。如果丈夫在家庭之外有了非婚生子女，怎么带孩子则是那位妈妈的事了。未成年母亲曾经在法国大革命期间通过斗争获得权利，后又全部失去。《法国民法典》不再准许她们为自己的孩子寻找生父——这一点直到 1912 年才得到修正。那些被引诱、被抛弃或被强奸的少女，因而没有任何手段来谋求些微的补偿。

此外，根据《法国刑法典》，丈夫对通奸妻子犯下的罪行是"可以原谅的"。你没看错，第 324 条明确写道："如有通奸，[……] 丈夫对妻子及奸夫的谋杀，如果实施于他在家中抓到二人现行犯罪时，可以免责。"这条法律因此得名"血红条款"。在一些拉丁国家，这一"法律承认的借口"同样适用于妻子。其他地方则没有类似的规定。

如此压迫女性的婚姻已将妇女逼至绝境。诚然,《法国民法典》保留了离婚的权利,却增添了诸多限制。1792年的法律在离婚方面规定了两性平等,但1804的《法国民法典》与此背道而驰:丈夫有权因为妻子通奸而离婚,而如果丈夫出轨,妻子却没有同样的权利,除非他把情妇带回了家。随着波旁王朝复辟,王权和教权再度联手,1816年的"博纳尔德法"[1]直接禁止离婚。自此,离婚再度成为妇女需要努力争取的权利——男性也争取,但有需求的主要是女性。

> 我可不要成为哪个爱德华的妻子,早上给我几个铜板,晚上就来找我对账。
>
> ——吉塞勒·哈利米(1927—2020),法国律师

　　人们不禁要问:既然如此,是不是干脆别结婚了? 从法律角度来说,的确是这样,因为成年未婚女性是拥有民事行为能力的。让娜·德鲁安、欧仁妮·尼布瓦耶,以及更晚一些的马德莱娜·佩尔蒂埃都曾为不婚主义辩护。然而,考虑到"老姑娘"(这个称呼已经算客气了)

---

1 路易·德·博纳尔德(Louis de Bonald,1754—1840),法国哲学家、政治家,其立场与法国大革命的价值观相反。他认为家庭是社会的基石,其传统形式需要制度的保护。著有《论离婚:19世纪的视角》(1801)。在他的主张下,法国大革命期间通过的允许离婚的法律成功被废除,新通过的法律因此得名"博纳尔德法"。

第三章　两性的新秩序

要在社会上忍受的耻辱和女性工作微薄的薪资,单身女性的现实状况远远称不上诱人。剩下的,就只有守寡了……如果丈夫死得出其不意,没来得及给妻子留下"家事忠告",那可能还不错。可如果他早早料到了后事,守寡的妻子就会落入公婆的掌控,没法从中获得什么好处。即便如此,自19世纪末开始,"不结婚的快乐女人"这一形象逐渐变得广为人知:她们大多是城里人,出身不错,有家产继承或靠年金生活,周游各国,受过良好的教育,对于传统价值观指派给资产阶级女性的角色一律不理不睬。事实上,回顾前文提到的那些女性斗争带头人的婚姻状况,会发现其中绝大多数要么终身未婚,要么守寡。从于贝蒂娜·奥克莱尔算起,露西·博、奥兰普·德古热、卡罗琳·考夫曼、路易丝·米歇尔、马德莱娜·佩尔蒂埃、约瑟芬·庞加莱、弗洛拉·特里斯坦都没有丈夫,不是从没结过婚,就是很快守了寡。波利娜·罗兰选择同居而不结婚,理由如下:"我永远不会在一个没法百分百承认夫妻平等的社会里和任何一个男人结为夫妇。"让娜·德鲁安明确将叫她"德罗什老婆"的法官驳了回去,强调他应该用本名称呼她——她在结婚后依然保留了出嫁前的姓氏。独身可以是一种个人选择,也可以被视作一种必然现象:19世纪,不少职业向女性打开了大门,比如教员、护士、售货员、邮局柜员等,随之而来的解放让不婚成为一种情理之中的选择。不婚比例的上升也和女同性恋盛行有关:公开的女同性恋在恐同情绪严重的19世纪还不被容许,因此需要以不婚为掩护。

综上所述,我们不难理解19世纪的女性为何要抵制《法国民法典》,称其为"囚禁女性的巴士底狱"。整个19世纪,妇女们抓住每一个机会批判《法国民法典》，抗议它对女性民事行为能力的剥夺，抗议法律强加给女性的驯顺。在1832年8月15日这一期的《自由之女报：妇女的事业》上，让娜·德鲁安写道："我们不想再听人说'妻子应该顺从丈夫'之类的老话了，我们想要的是基于平等的婚姻。单身总比当奴隶好！"

到了19世纪末，妇女参政论者接过了抵制《法国民法典》的斗争大旗。她们恰如其分地选择了7月14日作为抵制活动的行动日，本节开头提到的涂鸦出现的日期就是这么来的。正如于贝蒂娜·奥克莱尔在她创立的报纸《女公民》上所写的那样："对于妇女们而言，7月14日这个日子能唤起的记忆唯有这些，即缺乏信仰的男人如何背信弃义，邀请她们承担平等的义务，却又拒绝给她们平等的权利。他们劝诱女人在枪林弹雨中打倒独裁，却转头又在她们辛苦摧毁的堡垒的残垣周围炮制了比巴士底狱还要可怕的《法国民法典》。"（1882年7月2日至8月6日，总第62期）

到了《法国民法典》诞生一百周年，也就是1904年时，动员开始显得前所未有地符合时代精神。那一年，在索邦大学举办的《法国民法典》一百周年纪念仪式上，卡罗琳·考夫曼在大阶梯教室里放飞了几个巨大的气球，上面写着"《法国民法典》压垮了女性，是共和国之耻"。考夫曼因"公开发表侮辱性言论"被逮捕。于贝蒂娜·奥克莱尔象征性地烧掉了一本《法国民法典》，并在《激进报》上为自己辩护说，

《法国民法典》"与法国当下的政体相悖，王权——男性的王权——因为它而在家庭和国家得到了延续"（《激进报》，1904年8月29日）。

《法国民法典》对女性的压迫旷日持久。从20世纪起，压迫开始出现松动。1905年，已婚妇女取得了在未经丈夫准许的情况下提交诉讼的权利。从1907年开始，妻子们可以自由处置自己的薪资（但依然无权处理其他财产）。1938年，1804年版《法国民法典》的第213条得到修正，女性的民事行为能力得到承认。夫权同样被取消，妻子不再有顺从丈夫的义务。留在丈夫手中的权利有选择居住地、禁止妻子从事某种工作，以及行使亲权。直到1967年，妇女才有权独立在银行开户；从1970年起，妇女住在哪里不用再听人吩咐了；1975年，"血红条款"从《法国刑法典》中被删除，通奸也不再被视为犯罪。

然而，婚姻中支配权的问题依然没有得到彻底解决。要想在家务劳动、子女教育以及情感付出等方面平等承担义务，还有很长的路。正如女权主义记者蒂蒂乌·勒科克所言："女权主义的斗争是在脏衣篮前取得胜利的。"

于贝蒂娜·奥克莱尔和她的"婚姻契约论"

妻子给夫妻共同体带来的好处和丈夫一样多,甚至往往更多,而她对丈夫投入的共同财产没有任何权利,甚至对如何处置自己的财产也无权置喙。就因为她是女人吗?不是,因为如果一个女人选择与一个男人合伙做生意,无论在哪个行业,在法律上她都与男性合伙人享有同样的权利。正因为她已经结婚,也就是说在法律上就此丧失了行为能力,才无权以土地资产牟利,更无权自由处置。人们担心她不知道怎么运用,所以为了避免她滥用,干脆从一开始就剥夺了她的这项权利……

过去国民公会制定的法典是合理的,而《法国民法典》则让婚姻成为一种以夫妻不平等为基础的结合。在这样的婚姻里,如果妻子从共同生活的第一天起,就不具备不顾法律的规定而要与丈夫平起平坐的个性,那么她余生都会成为婚姻暴政的受害者。

男人一结婚,就会觉得妻子的财产和劳动成果都归他所有,所以很自然地,会随心所欲地花这笔钱,或是用它来满足自己敛财的欲望。

根据共同财产制[1],一个女人再富有,一旦结婚也会沦为赤贫。为了得到几个硬币(本来属于她的),她只能屈辱地向丈夫

---

[1] 《法国民法典》中夫妻财产关系适用的默认制度,区别于奁产制和另行签订夫妻财产契约的情况。

伸手。

根据这种完善的制度，夫妻共同财产中的不动产皆由丈夫独自管理，就算是女方带来的也没有区别。至于共同资产所产生的金钱和其他收入，丈夫同样享有绝对的控制权，即便这些本该属于妻子。他有权将它们从夫妻共同财产中提走，转给能取悦他的人，比如他的情妇……

婚姻已经成为我们这个时代最有利可图的投机活动之一：作为婚姻里未来的国王，丈夫其实并不关心自己的妻子是什么人，他在意的唯有她所代表的财富，因为他追求的不是男与女的结合，而是一笔商业交易。

——《婚姻契约论》，《女公民》，1881年

从顶梁柱到疯人院

19世纪留给我们的不仅是一整套存在性别歧视的法律体系（这套体系历经缓慢而渐进的修正，至今还在压迫女性），还包括大量带有歧视色彩的性别刻板印象。伴随着性别秩序在法律上的再度确认，厌女思想在19世纪死灰复燃。对女性的歧视不仅在法律体系中扎根，也深入到大众的思想，体现在文章里、小说中、戏剧舞台上。性别歧视在歌里唱出来，在画上画出来，就连大夫开药也会区别对待男病人和女病人。与此同时，一心照料儿女的家庭主妇形象，却受到不分政治派别的大肆宣扬，从资产阶级到普通工人，从社会主义工会演讲到保守派天主教徒的话语，无一例外。女权主义者们尖锐地指出，抬高家庭主妇，本质上是男权统治的烟幕弹。巴尔扎克就曾经说："结了婚的女人，是需要被捧上宝座的奴隶。"事实上，他在小说里塑造的"老姑娘"，要么像《贝姨》中的角色那样尖酸刻薄，要么就是欲望过度。

> hystérique（癔症患者）[名词][阴性]：指有主见的女人。
> ——法国标语，21世纪

第三章 两性的新秩序

仿佛这一切还不够，精神病学——一种全新的科学和医疗实践——又给了女性重重一击。这个学科提出，男性的精神崩溃可以视作偶发的不适，而女人则"天生"容易陷入疯狂。君不见，有子宫的性别，难免疯疯癫癫……说起来，"歇斯底里"（hystérie，即癔症）这个词就源自"子宫"（utérus）一词，不过这一点我猜你已经听说过了。很多精神病学家坚信歇斯底里的生理病灶是子宫，尝试各种手段想要根治这种疾病，比如电击阴道，以压力带束缚卵巢，甚至切除阴蒂。19世纪末治疗歇斯底里的专家沙尔科发现，一模一样的症状也会出现在男人身上，可当他站在阶梯教室里，面朝排排坐的听众讲解何为歇斯底里时，举的全是女人的例子。他还传播了大量女性"歇斯底里发作"时的照片和素描，导致这种病进一步被视作女性专属。更可怕的是，19世纪也是女人被大量关进疯人院的世纪。哎呀呀，听说她们发疯了——关到疯人院里不就清静了！和真正的疯子关在一起，被粗暴地对待，本来不疯的最后也成了疯女人。别忘了，可怜的阿黛尔·雨果被大名鼎鼎的父亲维克多·雨果亲手送进疯人院，就是因为大作家害怕女儿的恋情让家族蒙羞……

⁓⟨⟩⟨⟩⟨⟩⌒

当时的人们还相信，有些活动非常危险，容易导致女性歇斯底里发作，比如说——读书。在那个年代，女人能读的只有宗教书籍，除此以外的其他书都算危险读物。当年的医生坚信，阅读的女人更容易染上呼吸系统疾病，也更容易出现脊柱侧弯，最终导致疯癫。包法利夫人就是一个典型。这体现出时人对女性阅读的负面认知。女性的阅读被广泛呈现为一种"自慰"的形式，在很多以此为主题的绘画作品中，女读者往往衣衫半褪，形容倦怠。

当然，女性最危险的活动还得数参与政治，或者比参与政治还要糟的——投身女性权益的斗争。女权主义的反对者们从来没有放弃利用科学话术将这项事业污名化，说女权主义者统统"有病"。按照他们的说法，女权主义是"违背天性"的。想要在公共场域为自己谋得一席之地，争取两性平等的妇女活动家，只可能是一群受情绪驱使的女疯子，她们不仅恨男人，也恨女人——不然为什么要争取像男人一样呢？别忘了，"女权主义"这个词，原本是个医学术语。从纯粹的医学到政治的病理化，只有一步之遥。可怜的马德莱娜·佩尔蒂埃就为此付出了代价，她因支持自愿终止妊娠权而被审判，终被拘禁。

女权主义和疾病之间的隐喻仿佛幽灵，直到今天还在不断复现。2020年3月，极右翼新闻周刊《当代价值》以大标题"女权主义者是怎么疯的？"刊出一组文章，其中一篇还有这样的小标题——"她们不应该上街游行，应该去诊所看病"。

卖淫：
那些没有婚礼的女孩

拿破仑不仅重建了性别的秩序，还重建了性交易的秩序。在其执政时期，买春合法且被视作男性的必要需求；借用圣奥古斯丁那句已经被说烂了的话，这属于"必要之恶"。因此，卖淫非但没被禁止，还被有序地管理起来。中心思想是把卖淫限制在一定范围内，保护年轻女孩和好人家的妻子免受其害，同时避免通过性交传播的疾病大规模流行——第一个要防的就是可怕的梅毒。自1804年起，别名"宽恕之家"的封闭妓院在官方的许可下开门营业。如果不想要标准化的全套服务，还有"归顺"的妓女提供单点选择。这两种性服务都要受到行政当局和道德警察的监督。根据显然并不准确的统计，19世纪30年代约有3000名登记在册的性工作者。在官方监管的卖淫之外，还有"在野"妓女——不愿意"归顺"的那些。据当年的一位社会调查员估计，"在野"妓女的数量可能超过1万，她们是警察围捕和压制的对象。

整个法兰西第三共和国时期可以说是妓院的黄金时代。小说、绘画创作争相以此为题材。仅巴黎一座城市，就有大约200家妓院，甚至还有关于巴黎最佳妓院的旅游攻略……1871年到1903年间，巴黎警察局登记在册的妓女数量达到了15.5万，而因"从事卖淫"被警察逮捕的女性高达70万人次。当然这个数字有一定迷惑性：同一个人可能多次被逮捕，而很多人只是极偶尔卖淫。1911年，当时的巴黎警察局局长估计，每天都有4万人（巴黎人口的四分之一！）找妓女买春。如此兴旺的性产业给国家（特别是警察）带来了丰厚的油水，其中五成至六成的收益必须上缴国家。

在法国这套卖淫体制当中，风险和后果全部由女性承担。这一头儿，男人可以无所顾忌地买春；而那一头儿，妓女们却要忍受屈辱的监视，应付警察的各种鸡蛋里挑骨头。这种监视本身就是一种象征意义上的暴力，而实际的施暴也时有发生。更不用说，妓女远远不是什么光彩的职业，社会上的鄙夷是普遍的。一言以蔽之，虽然有这个需求的是男人，维护系统运转的也是男人，但为之付出代价的却是女人。没有一条法律提到要惩戒嫖客和捐客。对于男性来说，唯一的犯罪风险是强迫未成年女性卖淫。要知道，卖淫原本就是女性薪水偏低引发的后果之一，再遇上失业、战争等，老百姓缺钱了，性产业就会越发兴旺。

作为回应，一场呼吁查封妓院，严惩嫖客、捐客的运动发展起来。在约瑟芬·巴特勒的领导下，英国战场风生水起。相比之下，法国的玛丽亚·德雷姆斯和朱莉·多比耶（法国第一位通过中学毕业会考的女性）则没有那么热衷于道德说教。她们认为，卖淫以及国家对卖淫的管

第三章 两性的新秩序

控参与了男性强权的再生产。马德莱娜·佩尔蒂埃的态度更激进："卖淫是一种进步。[……]当男人们意识到性行为要向女性花钱买，而不是予取予求的，就已经迈出了女性解放的第一步，即女人的身体不再是可以随意侵犯的，要想使用，首先得付钱。"（《论卖淫》，《无政府》，1928年11月）

> 我们也有造反的权利。我们也是女人，和其他女人没什么分别。
> ——里昂的妓女在圣尼兹耶教堂，1975年

"二战"结束后，法国政府的态度来了个180度大转弯。从占领时期（1940—1944）到法国解放，这段时间是法国卖淫业的鼎盛时代，蜂拥而至的美国大兵成了源源不断的客人。然而，1946年的《玛尔特－里夏尔法案》将此前的卖淫合法化一举推翻，取而代之的是对卖淫业的全面取缔，加上严格的卫生管理。"宽恕之家"一律关门，捐客和拉皮条的被严打，只有嫖客仍旧可以逍遥法外。新法案规定，要健全预防体系，也要做好预后工作，帮助性工作者重新融入社会，妓女的健康档案也建立起来，并且实时更新。不过《玛尔特－里夏尔法案》只适用于法国本土，海外殖民地则不受监管。因此，法国直到1960年才加入联合国《禁止贩卖人口及取缔意图营利使人卖淫之公约》。事实上，殖民地当局相信，有必要在军营周边维持军妓的存在。殖民地的非白人女性因此受到了区别对待（详见本书第八章）。而在法国本土，卖淫

当然不可能令行禁止。卖淫业遭到严打，转入地下，这让身处其中的妓女们再度面临严重的后果。

1959年，马赛的妓女率先发声，抗议1946年新法案施行后无休止的"警察纠缠"。1975年，妓女们先后占领了里昂的圣尼兹耶教堂和巴黎蒙帕纳斯的圣贝尔纳小教堂，领导者分别是妓女乌拉和芭芭拉。这轮抗议的导火索是里昂的多名妓女被杀害，以及1975年年初生效的一项法案——依照此法，多次犯有所谓"被动引诱罪"的女性将被判入狱。与之对应，占领圣尼兹耶教堂的口号就是"我们的孩子不想让他们的妈妈进监狱"。有史以来第一次，妓女的声音得到了公开，其中尤为突出的，是瑞典性工作者（或者用她自己的话说，"女作家、逍遥派女弟子"）格里瑟利蒂斯·雷亚尔的作品《黑色是一种颜色》。这场运动公开提出了卖淫中的自主选择权问题，要求社会给予性工作者应得的地位和保障，结束警察的镇压。多种诉求通过这场运动得以成形并公开表达：要求承认妓女的尊严，要求基础的医疗保障，要求解除禁令，等等，不一而足。承袭自拿破仑的靠警察管控维系的旧制度被彻底抛弃，新制度的基石是对性工作者（不分男女）的组织和保护，强调民意的有效传达。"妇女解放运动"和这轮斗争的关系较为暧昧：先是对妓女们表达了有所保留的支持，随后转向支持全面禁止的一方，与妓女们渐行渐远。

如今，针对卖淫一事依旧众说纷纭。一方自称"新废止主义派"，认为应进一步加强严打，主张嫖娼入刑，以杜绝卖淫；另一方则声称，严打最终的受害者还是女性，认为应当承认性工作者的合法权益——

第三章 两性的新秩序

代表成果之一就是在 2009 年成立了法国性工作者工会。2016 年，法国首度就嫖娼入刑立法投票。最近的一份报告显示，现在从事卖淫的妇女处境异常脆弱，面临着严重的风险。

1975 年在巴黎第十四区，妇女组织的传单

和妓女一起，抵制卖淫！

妓女们占领了教堂。萦绕在四周、挥之不散的虚伪，被她们彻底击碎……

作为女性，我们无法置身事外。

为什么要做妓女？

因为我们生活的这个社会没有给女性提供足够的可能性，让她们找到一份有价值的工作，拿到应得的报酬。

在这样的情况下，要活下去，卖淫有时是唯一的出路，而一旦选择了这条路，就很难再回头。还有哪个行当更为人所不齿，赚得更少？第一个拿到"执照"的妓女是谁，第一个站街拉客的又是谁，有人记得吗？

为什么要有卖淫业？（卖淫业据称是全世界最古老的职业。）

普拉德尔曾说过，要取缔卖淫业，唯一的办法是把每一个法国男人的生殖器割掉。

生殖器体现了男人的雄风，象征着男性的无所不能，意义非凡，应当利用一切手段（无论是妻子还是妓女）来满足。

对女性的压迫就是这样来的。无论何时，无论何地，女人总是需要为男人服务。

仔细看看，卖淫无处不在：妇女被视作可以交易的商品。

第三章 两性的新秩序

广告推波助澜，女性的身体成了推销消费品的媒介。

教育也难辞其咎，教女孩子把自己交给"出价"最高的人：

找老公时要谨记这一点，才能保证物质层面安全无虞，情感层面有所托付；

找工作也是，毕竟职场上评估女人，更多看脸、看身材，而不是看能力。

正因为如此，我们要支持妓女姐妹们的斗争，抵制警察的镇压。

社会状况如此，不给女性自立的机会，这不是她们的错。

同时，也需要警惕矫枉过正。就像给家庭妇女发工资一样，承认妓女的社会地位到头来只有一个结果：让女性加倍依赖当下这个父权制资本主义的文明。

第四章

我们要闹事，不要管家！

在街头
抗议的女人

看上去，经历了国民议会的重击，又遭遇了复辟期间（1815—1830）王权和教权的联手绞杀，女权主义已经"粉身碎骨"，再无喘息之机。好在，到了1830年"七月革命"，女权主义又重现生机。19世纪的每一场革命都涌现出一大批冲锋陷阵的英勇女性。没什么好惊讶的——要是没有妇女，哪场革命能成事？没有女人，守街垒的时候，谁来供应军需？谁来给火枪上子弹？谁来照顾伤员？说起来，巴黎公社时期，就是女社员们单枪匹马，守护着最后的路障。妇女们抓住每一次革命的契机来推进女权主义事业，然而每当保守的政治秩序重建，性别秩序就会发生倒退。就这样，整个19世纪，女权主义运动潮起潮落，反反复复，每一次潮涌都波澜壮阔。

可惜，妇女群体在1830年"七月革命"、1848年"二月革命"以及1871年巴黎公社期间的贡献却无人知晓。一方面，书写革命历史的男性不会记得她们；另一方面，女权主义的故事往往避开这段激进流血的前史，只愿追溯到19世纪末的"第一波"妇女参政论者，最多也就追认奥兰普·德古热为遥远的前辈。大概，写文章的女人总比打架的女人更讨人喜欢，相比那些要维护劳工（不论男女）权利的妇女，只说要保护女性权益的女人也更好应付。是时候为这些被遗忘的女性先

去他的父权制

辈正名了。

事实上，妇女群体参与了19世纪的每一场起义和革命。社会习俗不允许女性上战场，但走上前线的女人却一次比一次多。"性别分工"依旧牢固，即便在前线，妇女也只能扮演"奶妈"和"七苦圣母"，不是负责供应军需，就是在伤员的病床前悲泣。稍等一下，这并不是历史的全貌。别忘了，街垒的对峙有两个垂直的维度：一个是起义者与官兵之间的交火；另一个是来自两翼建筑物的辅助攻击——铁锅、夜壶、小摆件等狂风暴雨般投向堵在路障前的军队。那么猜猜看，这些东西是谁从窗口扔出去的呢？我仔细研究过七月王朝历次起义中官兵的伤亡情况，我来告诉你：五楼飞出的平底锅砸开的脑袋比子弹打中的更多。

> 一场革命的成败不难衡量，只要看看女性的地位是否得到了快速提升就能判断。
>
> ——安杰拉·戴维斯（1944—），美国学者、政治家

女战士也越来越多。最出名的可能是巴黎公社时期的路易丝·米歇尔。1871年5月，她先后在纳伊、克拉马尔和伊西三处与敌人交火，之后又去巴黎各区守卫街垒。在克里尼昂古尔路一役中，她和两名武装社员孤军奋战，仅凭三人之力守住了街垒。她在回忆录中这样写道："子弹呼啸，犹如夏日冰雹。"此外，皮加勒广场的街垒也是50多名女社员在装订女工娜塔莉·勒梅尔的领导下守住的。

第四章　我们要闹事，不要管家！

我自己的事，不用你来解放！

　　旧制度崩塌了，新世界亟待重建。后革命时代，妇女在这片有无限可能性的政治场上大展身手，为自己争取结社权、游行权、言论自由权，创办专门面向女性的报纸，只刊载与女性相关的内容。1832年夏天，第一份完全由女性供稿的报纸《自由之女报：妇女的事业》诞生。除了女性议题，该报纸也关心社会议题。撰稿人署名不署姓，以此表明对夫姓的拒绝。其中，女工人占了绝大多数，有不少是社会主义者、圣西门主义者和傅立叶主义者：苏珊·瓦尔坎、德西蕾·韦雷、玛丽-雷内·甘多尔是纺织女工；让娜·德鲁安曾是洗衣女工，后来转做小学教师。在创刊号中，她们发出疾呼："我们大声呼唤，呼唤姐妹们加入我们，和我们一起去夺回我们在朝堂、庙宇和家庭中应得的地位。女性团结，就是我们的目标。"一年之后，圣西门主义者欧仁妮·尼布瓦耶在里昂创办了《妇女参考》。由于缺乏资金支持，这几份报纸都没能发行太长时间。到了1848年"二月革命"，又有一批女性主义报纸顺势创办。让娜、欧仁妮与当时因结婚而改姓盖伊的德西蕾再度聚首，创办了《妇女之声》。

她们组织了只向女性开放的俱乐部，全情投入，积极讨论。让娜·德鲁安参加了1849年的普选。1848年"二月革命"之后，德西蕾·盖伊参加了卢森堡委员会[1]，这个委员会尽管昙花一现，却对劳工（包括女工）的权益有着深远的意义。此外，她还主持过一个国家级妇女小组，旨在为失业女性提供工作。1849年年底，让娜·德鲁安又参与推动了一个旨在反抗资本家的、名为"博爱联盟会"的劳工自治组织的创立。她是发起人之一，撰写了宣言和章程，还是董事会成员。巴黎公社期间，两位国际主义者娜塔莉·勒梅尔和伊丽莎白·德米特里夫创建了"保卫巴黎和照顾伤员妇女联盟"，致力于追求男女平等，并与劳工委员会合作，推动工人组织的成立。妇女委员会则为自己设定了组织妇女就业与推动妇女受教育的目标。

> 我们的前辈，是巴黎公社时期纵火的女社员！
> ——法国标语，2020年3月7日

　　从1830年到1871年，每一场运动都在高声表达19世纪女权主义者的诉求：从公民平等到婚姻平等，从离婚权、受教育权到工作权、

---

[1] 卢森堡委员会：1848年"二月革命"后，在工人要求成立劳动部的压力下，临时政府成立了一个由工人和企业家代表组成的委员会，由路易·勃朗主持，职责是对劳工和厂主的争执进行仲裁。这个委员会成立不久后，即遭临时政府解散。

第四章　我们要闹事，不要管家！

同工同酬的权利、包括选举权在内的政治权利，以及社会主义者对工人组织和社团的要求等。值得注意的是，这些女权主义者都是社会主义者，尽管在流派上有着细微分别：有的是圣西门派，有的是傅立叶派，后来又出现了国际主义者。不过，仔细想想也不奇怪，毕竟质疑性别不平等、反对婚姻制度、认为婚姻是压迫女性的手段等，本就符合绝大多数社会主义者的观点。圣西门曾在19世纪20年代倡导性别平等，并积极实践：在圣西门主义的机构中，妇女能担任领导职务并发表文章。傅立叶则在19世纪30年代设想过一个名为法伦斯泰尔的乌托邦社区，其中男女平等分担工作和家务，都可以自由享受开放式性生活。

可惜好景不长。妇女们大声疾呼了，可没人来听，更糟的是，很快就有人来让她们闭嘴了。

> 高唱《马赛曲》，遍植自由之林，投票选举，在俱乐部高谈阔论，留下老婆管家——这就是男人们的共和国的模样。
>
> ——《妇女之声》，1848年

从1830年到1848年，再到1871年，"七月革命"、"二月革命"和巴黎公社都没能争取到女性选举权，离婚权也始终遥遥无期。其中巴黎公社略有进步，承认了女性的受教育权和婚姻自由，承诺照料未成年母亲，打下了同工同酬的基础，并取缔了卖淫——认为那是一种

去他的父权制

"一部分人对其他人进行商业剥削的形式"。

更可悲的是，即使在革命如火如荼时，厌女的声音依旧阴魂不散。1848年"二月革命"期间，就有人公开嘲讽女权主义者，称其为"社会打酱油党""维苏威火山婆子""离不了婚的"。奥诺雷·杜米埃就是抹黑者之一。在他的笔下，妇女俱乐部就是一群醉酒的疯婆子出来胡闹，家里乱七八糟，小孩饿肚子没人管，哭闹不休，做老公的则沦为笑柄。法国大革命期间形成的所有针对革命妇女的厌女刻板印象，比如歇斯底里、不修边幅、没有母性等，在这一时期都死灰复燃。他们把女权主义者的诉求胡乱改造，说她们要为男人安排一场"圣巴托罗缪惨案"[1]。此外，无政府主义的创始人蒲鲁东的厌女症也不轻，曾发表过这样令人倒胃的言论："一个女人要么是家庭主妇，要么是高等妓女，不存在中间地带。"

等到革命被镇压下去，反革命势力上台，女权主义又失去了活动空间，因为她们"违反了政治秩序和性别秩序"。……够了，真是够了！法国大革命之后的剧本再度上演。和1793年时一样，1848年，当局

---

[1] 圣巴托罗缪惨案：法国历史上一场著名的大屠杀事件，因发生于1572年8月23日夜至次日凌晨，24日为圣巴托罗缪节，故名。当时天主教徒与新教徒胡格诺派关系剑拔弩张，8月24日，借波旁家族亨利的婚礼，胡格诺派重要人物集聚巴黎之机，天主教派发动突然袭击，杀死胡格诺派信徒3 000多人，从而引发圣巴托罗缪惨案。

一上来就剥夺了妇女的结社权。1848年六月起义之后，当局首先查封了妇女俱乐部，而留着男人们的没管。1848年7月27日的法令回顾说，严格意义上来讲，"妇女和儿童"（注意到他们是怎么并列的吗？）是不可能参加俱乐部或会议的。到1851年，连请愿权都被剥夺。巴黎公社之后，针对女性的清算达到了巅峰。"纵火女"一词被发明出来，用来专指纵火的女社员——她们被当作巴黎大火的唯一责任人而追究，而真正第一个投出燃烧弹的凡尔赛士兵却因此保全了名誉。

很难说法律对女社员是照顾还是歧视。的确，被免于起诉的女性远比男性多，但被定罪的一百多名妇女遭到了更严厉的处罚：被审判的妇女中有13%被判处死刑，而男性的比例只有0.9%；13%的女性被判处强迫劳动，13%被投进大牢，而男性的比例分别只有2.3%和11%。

向每一个守住战壕的女人致敬！

因此，每一次革命结束之后都会是一段漫长的女权主义低谷期。女权主义者受到多重压制，因为她们是革命者，是社会主义者，是女人，条条都是罪名。为数不多的几位女性，在重压之下成功保住了斗争的火种，她们的名字不应该被忘记。向这些守住战壕的女斗士致敬！

弗洛拉·特里斯坦，社会主义者，社会调查家，妇女结社和国际主义的先驱，"妇女是无产者中的无产者"这句精辟的名言就出自她之口。

克莱尔·巴扎尔、克莱尔·德玛尔（Claire Démar，她的姓氏也可能写作 d'Eymard 或 Desmard，能确定的唯有她自称"街垒之女"）、路易丝·克鲁扎、欧仁妮·尼布瓦耶、波利娜·罗兰、德西蕾·韦雷（夫姓盖伊）和苏珊·瓦尔坎，她们都是圣西门主义者，在七月王朝时期依旧为妇女和工人的权利写作并请愿。

作家乔治·桑，本名奥罗尔·杜班。她的政治立场较为温和，文学成就极高，却因其女权主义立场而被不公正地忽视。她更为知名的是挑战性别秩序的方式：给自己一个听上去像男性的假名，像男人一样穿长裤，并拥有众多情人。

国际主义者安德烈·莱奥（原名维克图瓦·莱奥迪尔·贝拉），于1866年创建了妇女教育促进协会，1869年又创建了一个旨在维护公民权利的协会，同年还发表了《女性与道德：君主制还是自由》，一部被忽视的伟大女权主义著作。

玛丽亚·德雷姆斯，首位加入共济会这一厌女大本营的女性。她在1869年创办了杂志《女性权利》，并在其中告诫女性要"教育自我，实现自我。彼此团结，共同奋斗"。

> 来讲讲道理：真的有人认为可以不靠女人成功革命吗？80年了，革命还是没有成功，为什么会这样？因为不少共和党人是这么想的：国王也好，上帝也罢，把他们打倒，老子自己坐上去才舒服。他们缺的不是别的，是女臣民啊！[1]
>
> ——安德烈·莱奥（1824—1900），法国记者、小说家

---

[1] 这段话出自《社会战争》(1871)。

受教育的权利

争取受教育权是妇女的一项重要斗争，也是最早取得成果的斗争之一。19世纪，许多争取性别平等的女性活动家是教师，其中比较知名的几位有让娜·德鲁安、波利娜·凯戈马尔、路易丝·米歇尔、波利娜·罗兰，以及后来的埃莱娜·布里翁。这些女教师没花多长时间就紧密地团结起来，创立了各种联谊会和同好会，又进一步组织起工会和研究小组。比如1903年，由玛丽·介朗创立的女权主义教师社会研究小组，以及1907年诞生的女权主义高校联合会。她们的工作在女权主义的传播过程中起到了决定性的作用。她们中的很多人曾尝试为女孩开办学校或是为尚未接受公共教育的成年女性开设夜校。作为教师，她们都深刻地体会到男女在教育方面的不平等，也都意识到妇女的解放必须通过教育来完成——这是一条普遍真理。女教师们还领导了反对职业歧视的斗争，率先获得了带薪产假、养老金、同工同酬等工作权利，在女权斗争中走在前列。这些胜利最初只是惠及这一特定行业的女性，但同时为其他女性的权利斗争打下基础。

事实上，自17世纪以来，女童的教育一直没有得到重视。女孩们被教导要做好妻子、好妈妈，要学习如何持家和举办沙龙，却从来没有接受过像样的教育。到了启蒙时代，也就是 18 世纪，终于有人开始对女性缺乏教育的现象发声。第一个表示谴责的是孔多塞，伏尔泰和狄德罗也持同样观点。可是卢梭在他思考教育的皇皇巨著《爱弥儿》中，却只想到了男性的教育。在他看来，作为爱弥儿的未来伴侣，苏菲不需要接受教育，她生来就是"为了服从男人，忍受男人的不公"，只要知道学习 ABC 的字母书怎么绣就够了。

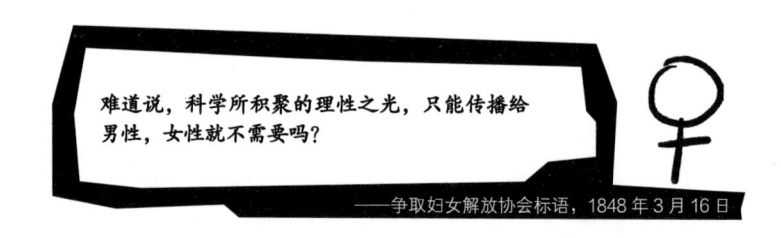

> 难道说，科学所积聚的理性之光，只能传播给男性，女性就不需要吗？
>
> ——争取妇女解放协会标语，1848 年 3 月 16 日

在法国大革命爆发前递交的陈情书中，妇女明确提出要获得受教育权。事实上，必须承认，法国大革命期间所提出的绝大部分有关基础教育的计划都着眼于两性平等。不幸的是，这些计划最后并没有落实，女孩们依旧被小学和中学拒之门外（1833 年的《基佐法案》只规定人口超过 500 人的市镇必须为男童开设小学）。只有家庭条件优越的女孩才可以去修道院接受教育，接受陈腐的关于女性角色和义务的灌输。

因此，19 世纪的女性为女童争取受教育权时，争取的是一种解放的手段，正如她们一并要求为工人阶级提供教育一样。

1850 年，《法鲁法案》颁布，规定人口超过 800 人的市镇必须开设女子学校。1867 年，《杜吕法案》进一步将开办学校的人口门槛降低到

500人。法制更新起到的效果立竿见影。1875年，有230万名女童入学，仅比男童入学的人数（240万）略低一些。不过，男孩和女孩在学校里接受的是不同的教育：男生学的是度量衡，女生学的则是针线活儿。

于是一些女性行动起来，誓要冲破这扇紧闭的大门。1861年8月16日，朱莉-维克图瓦·多比耶在37岁的年纪通过了中学毕业会考，成了第一个打破这项特权的女性。在此之前，只有男性才有权参加中学毕业会考，以至于多比耶考试时是在一个专门的考场里写卷子的。两年后，又一位女性，埃玛·舍尼，获得了中学毕业文凭。很快，舍尼在1868年成了第一个获得学士学位的女性，拿的是理学与数学学位，而多比耶则在1871年获得了文学学士学位。据说，时任教育部部长朱尔·西蒙亲自划掉了学位证书上统一印制的"____ 先生"，代之以"____ 女士"。

还有一部分女性致力于为女同胞开办学校，她们满腔热忱，感人至深。埃莉萨·勒莫尼耶就是其中很有代表性的一位。1862年5月，她创办了妇女职业教育协会。同年10月1日，她在巴黎珍珠街9号租下一间工坊，为年轻女孩开设了第一所职业学校。头十个月，只有80名女学生报名上课；两个月之后就翻了近一倍，一年内接收了150人。学生越来越多，只好再开办新的学校。到1890年，"勒莫尼耶学校"的数量达到了8所，培养了大约500名年轻女孩。

> 要么就不搞，要搞，就搞女权主义革命。
> ——巴黎共和国广场的涂鸦，2020年3月7日

第四章 我们要闹事，不要管家！

19世纪晚期，女性教育受重视的程度有了显著提高。1870年9月4日法兰西第三共和国成立后没多久，两任巴黎市长艾蒂安·阿拉戈和朱尔·费里召集起一个联合委员会，专门对当时的教育体系进行反思和改革。这个委员会混合了男女两方的代表，上文提到的朱莉·多比耶和埃玛·舍尼都是其成员，她们在捍卫女性的受教育权方面非常积极。巴黎公社期间，一个包含几名女性成员的"新教育协会"向公社提出了多项计划，不仅涉及课程设置的全面改革和教学方法的创新，也包括男女两性的教育平等。两位持共产主义和女权主义信仰的社员，安德烈·莱奥和安娜·雅克拉德都在教育委员会中任职。很快，巴黎的部分市区出现了为学龄女童开设的学校、为女工开设的工作坊，以及参照勒莫尼耶模式建立的职业学校，而且都不收学费。1871年5月21日，公社颁布了男女教师同酬的法令。

1881—1882年颁布的著名的《费里法案》，在法律上确认男性和女性都需要接受义务教育，免费就读公立的非教会学校。在此之前，1880年的《卡米耶·塞法案》已经为女孩们打开了中学教育的大门。不过，这时教育的关键还是培养优秀的共和国女性继承人。朱尔·费里这样说："主教大人们对这一点心知肚明，即谁掌握了妇女，谁就掌握了一切。掌握妇女首先意味着掌握她的小孩，其次是掌握她的丈夫。科学需要把妇女争取过来，不然她们就将属于教会了。"这就不难理解，从小学到初中再到高中，男生和女生都是分开上学，课程设置也截然不同，女孩所学习的科目，比如家政、育儿法，一如既往地需要紧贴社会分配的角色。女高中生依然不得参加中学毕业会考，也没有哲学课可以上，甚至连每周的课时都比男生少一些，理由是怕"累着青春期的女孩子们"……

同样是在这个时期，波利娜·凯戈马尔创立了幼儿园，倡导以游戏、自由活动结合适当的刺激，以温柔的关怀引导小男孩和小女孩全面发展。凯戈马尔支持男女混合幼儿教育，她认为这是实现两性平等的必要条件——为此，她受到了天主教徒的严厉谴责。从长远来看，凯戈马尔创立的法国式幼托体制也使得妇女解放成为可能，帮助一大批妈妈得以兼顾工作和母职（不过，波利娜·凯戈马尔本人并不支持女性出去工作，她认为妇女的位置属于家庭，而不是工厂）。

妇女们不懈奋斗，冲破重重阻碍：1919年，女学生们有了自己的中学毕业会考；1924年，中学课程和毕业会考内容终于不再区分男女。大学和其他高等教育机构也相继向女性敞开大门。进入20世纪后，由于校舍和师资资源的广泛短缺以及其他具体的限制，男女混校作为一种务实的解决方案逐渐普及开来，在人们来得及对男女混校的益处（无论是教学上的还是社会上的）做充分论证之前，在现实层面成了必然趋势。而国家教育系统真正意识到学校在促进性别平等方面的重要作用，已经是20世纪80年代初的事了。具体工作要落实下去，还有不少艰难曲折。

1972年，巴黎综合理工学院向女性开放的那一年，一位名叫安妮·肖皮内的年轻女子摘得了入学考试的第一名——她同时也是巴黎中央理工学院的第一名和巴黎高等师范学院的第二名！你觉得记者会问她些什么问题呢？"你喜欢照镜子吗？""你喜欢购物吗？"当然少不了要替她担心："你不怕别人把你当成怪物吗？"肖皮内的回答简洁明了："我只是尽力而为罢了，毕竟每年总要有一个第一名。"真是一记响亮的耳光！

路易丝·米歇尔的女权主义论述摘选[1]

平等

女权主义的事业不能与人权斗争的事业主动割裂,而应加入伟大的革命军队,共同抗争。……零星几声怒吼不是我们想要的,我们呼唤的正义只有通过武力才能实现,我们要追求的,是全体人民行动起来,解放所有的奴隶。至于这"奴隶"叫无产者还是妇女,则无关紧要。

奴隶是无产者,奴隶中的奴隶是无产者的妻子。……在这该死的社会上,到处都有人在受苦,但没有哪一种苦比得上女人的苦……

女权问题与人权问题不可分割,在当下更是如此:如今女人和牲畜没有任何区别,同样任人宰割,供人营利。我们妇女的地位不是求来的,而应该是夺来的……

如果性别平等能得到承认,那将是对人类愚蠢行为的一大修正。在那之前,女人始终是——如老莫里哀所言——男人碗里的浓汤。看看强势的性别是怎么恭维我们以显示自己的尊贵的:女性,美之性。呜呼,我们说要对这种力量伸张正义已经太久了,心怀不满的人只多不少,可我们只是占据了斗争的位置,却没有进一步的行动。这样下去,我们会一直协商到世界末日!就我本人而言,同志们,我一点儿也不想做男人的"浓

---

[1] 摘自路易丝·米歇尔的回忆录。

汤",所以我离开了,像我这样的"卑鄙小人"不是少数,我们都不愿再做恺撒的奴隶了。

共和国最顽强的战士们,抗击入侵,守卫祖国,宛如守护自由的曙光,其中不乏大量的妇女。他们想把妇女变成一个卑微的种姓,用事件压迫她们,用强力完成选择。这如意算盘打得真好,可从来没有征求过我们的意见,所以我们接下来要做什么,也不打算征求任何人的意见。在明日之世界,每个人都将各得其所,团结在人性的自由之下。

教育

让小女孩在愚昧中长大,故意解除她们的武装,这样她们才更容易受骗:这就是他们的如意算盘。打个比方,这就像把你扔进水里,事先又不让你学游泳,甚至还要把你的手脚捆起来……

英国人培育牲畜,然后屠宰;文明人则让年轻女孩子准备好受骗。真的被骗了,又会被视作一种罪行,而引诱者几乎为此获得荣誉。当羊群中出现害群之马,那该是多么大的丑闻啊!如果羔羊不愿意再任人宰割,你们要怎么办?……

有时,羔羊也会化身为狮子、老虎、大章鱼。

第五章

女人要有选举权

妇女参政论者，无一例外

十来个女人，聚在一起挥舞标语："女人要有选举权。为了抗击贫困，为了保卫和平，为了控制酗酒，女人要有选举权。"她们都是妇女参政论者。

这时是19世纪末，女性受教育权和离婚权都已在19世纪80年代取得，选举权于是成了女权主义运动的首要诉求。取得投票选举的权利，就可以甩掉《法国民法典》这副可怕的枷锁了。相比之下，与社会权益相关的诉求不再显眼（但依旧存在），原因在于妇女参政论者，特别是带头的那些，大多出身于上层资产阶级，但在"七月革命"、"二月革命"以及巴黎公社期间投入斗争的女权主义者则大多出身底层。

1870年法兰西第三共和国建立起来时，妇女一度梦想一举夺得选举权。然而，希望有多大，失望就有多大。新一代的共和党人不仅和他们的前辈一样拒绝承认女性的选举权，还找到了一个冠冕堂皇的理由：女性的宗教信仰过于虔诚。由于教会曾与保王的反动党结盟，法兰西第三共和国致力于与其划清界限，而相较于男性，妇女的宗教活动热情更高,因此有了会被神父影响的嫌疑。毕竟众所周知,女人的耳根子软,如果让她们参与选举,保不齐会投给共和国的敌人。就这样,在紧闭的大门上,法兰西第三共和国又插上一道铁栓。

相比于秉承"功利主义"的英式民主,法式的"普遍主义"更不容易开放女性选举。对于盎格鲁-撒克逊传统而言,性别差异、阶级差异和出身差异等在政治代表制中体现得越充分,民主就越彻底,这是应该努力的方向。在法国则恰恰相反。由于存在着法国大革命"遗产"的前车之鉴,人们认为差异的体现会导致民主的瓦解。按照伟大事业的设想,公民不应超出集体意识的局部。在这样的乌托邦里,特殊群体只好靠边站了。

因此,女性选举权只能是天方夜谭。

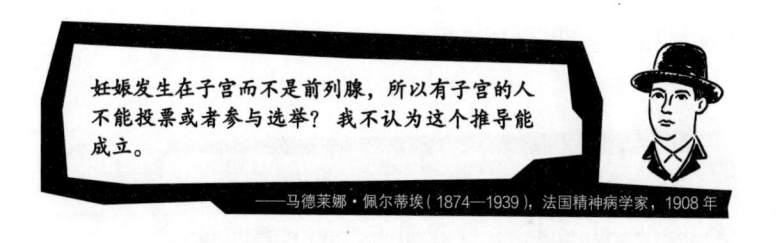

> 妊娠发生在子宫而不是前列腺,所以有子宫的人不能投票或者参与选举?我不认为这个推导能成立。
>
> ——马德莱娜·佩尔蒂埃(1874—1939),法国精神病学家,1908年

女人们行动起来。带头的是于贝蒂娜·奥克莱尔。1881年7月14日,她和40多个身着黑衣的追随者一起组织了"女性权益的葬礼"活动以示抗议。到了1883年,海报、示威、集会、出版、漫画……她们动用了一切法律行动的手段,小到在扇子上写标语,大到像英国的姐妹们那样走激进路线,拒绝缴税,拒绝参加人口普查("既然在大选里

我们的意见不算数，你们就不要在人口普查时把我们算进去"），甚至跑到选举现场掀翻选票箱，干扰投票。

不过，争取女性选举权的斗争内部存在着一个矛盾，两种论据彼此不可调和。"普遍主义"的一派从平等出发，认为"女人要有选举权，因为女人和男人一样都是人"；另一派（本章开头引用的标语即属于此派）则认为，"女人要有选举权，因为女人不同于男人"。后一种观点强调性别差异，认为男女两性的投票可以互补，女性的选票可以改变世界。这种策略在英式的民主体系中行得通，因为英国人正是要承认多样化带来的丰富，然而在"普遍主义"式的法兰西第三共和国，这种说法无异于给对手递刀子……想要根据性别来投票？想得美！于贝蒂娜·奥克莱尔周围的妇女参政论者越维护女性投票之"不同"，共和党人拒绝起来就越理直气壮：万一这些"不同"的选票投给教会了呢？这样的"鸡同鸭讲"一直持续到第一次世界大战之后。

> 创造属于我们的权利，拥有属于我们的法律。
>
> ——《马赛曲（衬裙版）》[1]，1848年

不少国家在"一战"结束后承认了女性选举权，比如德国、美国、

---

[1] 《马赛曲（衬裙版）》：由路易丝·德·肖蒙创作的一首女权主义诗歌。和当时的不少革命歌曲一样，这首诗歌在《马赛曲》原曲的旋律上重新填词，1848年6月发表于圣西门主义女性团体杂志《女性共和国：衬裙日报》的创刊号。

去他的父权制

意大利、英国、西班牙、土耳其、突尼斯紧随其后，但是法国不在这份名单上。每一次，支持女性选举权的提案都是在国民议会以绝对多数票通过，又被参议院——一个混合了反教权共和主义与污糟大男子主义的大染缸——打回来。在两次世界大战之间，这样前功尽弃了六次！而当1919年，教皇发言支持女性选举权之后，不少人一下子找到了担忧妇女"盲目跟随教会"的借口。依照他们的谬论，因为打仗，妇女已经在数量上占据领先地位，因此更不可能允许她们投票了。

追随路易丝·魏斯和玛丽亚·韦罗内等新一批领袖，妇女参政论者（不过那时已经没人这样叫她们了）再度开始了她们的示威和动员。这一次，她们得到了新生的法国共产党的支持。自1920年成立以来，法国共产党一直倡导男女平等，鼓励妇女加入工会，并捍卫她们的选举权。于是，女性法国共产党候选人出现了。在1925年的市政选举中，有十几名妇女当选！然而，这样的选举结果并没有得到宪法委员会的承认，而是转眼就被宣布无效⋯⋯

又等了接近20年，又打了一轮世界大战，临时政府才终于在1944年4月21日通过法令，承认法国本土妇女的选举权——法属阿尔及利亚的穆斯林女性还要等到1958年。有观点认为，考虑到妇女在抵抗运动中的巨大贡献，选举权是来自政府的"补偿"。实际情况并非这样简单。首先，这种说法抹杀了法国妇女几十年来艰苦斗争的功劳；其次，妇女在抵抗运动中发挥的作用从来就没有被官方历史承认过，又何来补偿一说！法令是在法属阿尔及利亚的首都阿尔及尔通过的，当时，临时政府和各政党代表组成的国民议会正在那里避难。胜利来得并不容易。当时议会中只有一位女议员（妇女在抵抗运动中的作用被低估可不是说说而已），而且议长是来自科西嘉岛的激进派，反对教权，又受法国南方厌女文化的影响，因此对妇女选举持双重敌意。最后能成功捍卫女性选举权，是因为基督教民主党人和法国共产党人出人意料地结成了同盟。前者会支持女性选举权并不奇怪，这是他们一贯的立场；他们相信在一个敌视教会的共和国，女性选民会对自己有利。法国共产党人会加入，则是因为他们倡导男女平等，上文已经提到过。有趣的是，很多议员之所以接受妇女选举权，是因为坚信女性选民立场更保守，将有助于限制法国共产党的选举优势——在1918年的德国和1924年的西班牙，也曾出现类似的自相矛盾。

无论如何，1945年4月29日的市政选举，妇女们第一次投出了手中的选票。投票站前，摄影师们蜂拥而至，争先定格这历史性的一刻。不过，性别歧视并没有就此消失。报纸上依旧遍是针对女性选民的嘲讽，贬损她们是信教的傻子、没见识的家庭主妇，说她们轻佻没头脑，把投票站变成忏悔室或试衣间。一个名为"民族解放运动"的抵抗组织在自己的报纸上建议女性选民："从投票站出来时补补粉，检查一下口红，这样你的丈夫就放心了。"啊，这对热心政治的女人不再"阴柔"的古老恐惧！事实是，妇女在这次史无前例的选举中投票率相当

去他的父权制

高。让一部分人忧心忡忡，另一部分人暗中期待的反动浪潮并没有出现，但选票的性别差异还是存在的。女性投给基督教民主党以及戴高乐派的比例更高，男性选民则相对更加支持法国共产党。

女人应该投票

女人应该投票,

为了制止战争,

为了保护儿童,

为了改善卫生条件,

为了打击酗酒,

为了消灭贫民窟,

为了制止不道德,

为了改革《法国民法典》,

为了过上更好的生活,

为了抗击可预防的疾病。

——妇女地位提升与权利维护协会海报,
"新时代,新选举权:女人应该投票",1925—1928

对（男性）国民议会说"不"

能参加投票很好，但要想被选上，就要另花一番功夫了。

其实早在获得投票权之前，女性就已经设法进入议会了。这要感谢法律中的一处"漏洞"——立法者可能觉得，女人不能当选议员是明摆着的事，用不着白纸黑字写进法律条文。你说他们是不是傻？

1848年，傅立叶派社会主义者波利娜·罗兰参加了市政选举。这名教师拒绝与自己小孩的父亲结婚，只愿保持同居关系。一年之后，同样是傅立叶派女教师的让娜·德鲁安参加大选，她的选举海报是这样写的："一个完全由男人组成的议会，怎么有资格为一个由男人和女人组成的社会制定法律？这就好比把工人的利益交给一个完全由特权阶级组成的委员会讨论，或者让一个资本家的议会维护国家的荣誉。"法兰西第三共和国时期大胆尝试的女冒险家有长长一串名单：1881年，莱奥妮·鲁扎德在巴黎第十二区参加竞选；1884年，格雷森夫人（名字不详）在谢尔省沃尔奈镇参加竞选；1908年，让娜·拉洛埃在巴黎第十一区参加市政选举；1910年，于贝蒂娜·奥克莱尔、玛格丽特·迪朗、马德莱娜·佩尔蒂埃（详见下文）、勒妮·莫尔捷、卡罗琳·考夫曼和加布丽埃勒·沙皮伊都参加了立法选举。1925年的市政选举，法国共产党强行派出了一批女性候选人竞选。策略奏效了！七名妇女当选：杜瓦讷内市的约瑟芬·庞加莱，博比尼市的玛尔特·泰松，圣德尼市的玛丽·谢，犹太城的玛格丽特·沙蓬，马拉科夫市的奥古斯蒂娜·瓦里尤，以及圣皮埃尔代科尔市的埃米莉·若利和阿黛尔·梅蒂维耶。省议会想要宣布选举结果无效，但取消的程序走得很慢。在此期间，新当选的女性候选人已经在各处走马上任，虽然她们得到的大多是公共卫生或学校事务这类相对"女性化"的差使。又过了一段时间，一个接一个地，选举结果还是被取消了⋯⋯

1944年，女性投票权得到承认，被选举权也随之确定下来。1945—1946年的选举几乎成了女性的"主秀场"。之所以会这样，主要是因为妇女在抵抗运动中的重要地位和影响。那些诞生于抵抗运动中的政党自认为有义务提名对抗击纳粹主义贡献重大的人参加竞选，而其中有不少女性。比如，法国共产党1946年普选的提名就有五分之一是女性。选举结果：1万名女性当选第一届市政议员，33名（占5.6%）女性入选国民议会，21名（占3.6%）女性进入参议院。

然而，女性候选人和当选者的数量自此之后开始逐年回落。伴随着老牌政党的回归，诞生于抵抗运动的新生党派受到打压。从20世纪50年代起，控制女性候选人数量的老毛病又开始发作。到1958年，国民议会中只剩下 2.3% 的女议员。直到 1995 年，女性在参议院中的比例仍然只有 5%，在国民议会中不到 10%，在市议会中也大概只占 20%。换句话说，始终只是极少数……

20 世纪 90 年代初，政治决策层中极度缺乏女性的问题开始在欧洲很多国家成为热门议题。法国——显然是性别平等方面的"差生"——随后才跟进。1993 年 4 月 2 日，国民议会一年两度常规会议的第一天，数百名妇女发扬女权运动传统，举行示威，谴责这名副其实的"（男性）国民"议会。同年 11 月 10 日，《世界报》发表了一份宣言，呼吁立法规范国家机关人员的构成。"性别均衡"这一运动口号也很快确定下来。经过几年的激烈讨论，1999 年 7 月，第一部规定了男女候选人数量均等原则的法律诞生，在具体的应用过程中又得到了进一步更新和完善。对于遵循比例代表制的名单投票制度[1]来说，推行男女候选人性别均衡并不困难，毕竟可以在登记阶段就筛掉一切不符合要求的——直截了当的制裁。自然，各政党最开始都想过"耍滑头"，比如把女候选人排到名单末尾以阻止她们最终入选。于是，别名"沙巴哒巴哒"[2]的轮替原则应运而生，要求政党必须按一个男候选人、一个女候选人的顺序排

---

[1] 名单投票制度：各政党提出候选人名单供选民投票，最后根据各政党得票的比例分配入选的名额。

[2] "沙巴哒巴哒"：克洛德·勒卢什导演的电影《一个男人和一个女人》主题曲开头的歌词。

第五章　女人要有选举权

列名单。至于立法机构国民议会的议员选举，因为采用的是单一候选人制，选民直接投票给候选人，法律只能规定提名阶段候选人数量的性别均衡，对选举结果鞭长莫及，只能尽全力保证优势选区不会全部留给男候选人，"鸡肋"不会提前丢给女候选人。尽管有种种拦阻，情况还是有了毋庸置疑的改善：到 2017 年 6 月，女性已在国民议会中占据 38.8% 的席位，而即将离任的议员中女性只占四分之一。

1910年4月24日和5月8日，冲啊！攻下投票箱！

不得不说，1910年那场立法选举真是令人印象深刻：19位女性候选人！

在我的想象中，她们像英剧《浴血黑帮》中的人物那样迎面走来。于贝蒂娜·奥克莱尔领头，玛格丽特·迪朗牵着她的狮子（是的，你没看错），马德莱娜·佩尔蒂埃身着男装，口袋里揣着一把手枪。主题曲："这座城市的主人变了，小子们，还不快重新修路？"

牵头的是于贝蒂娜·奥克莱尔，历史性的妇女参政论者。从某种意义上说，是她第一个把投票权提升为女权运动的主要诉求。她在1881年写道："女性解放的关键就在于政治权利，这就是男人们对这一点尤为抗拒的原因。实话说，绝大多数男性，即使是最优秀的那些，都会很乐意看到女人给他们再当一个世纪的奴隶。"身为不愁生计的女继承人，奥克莱尔从19世纪70年代末起就全情献身于女权主义的斗争。她组织了"妇女参政协会"，创办了报纸《女公民》，笔耕不辍，持续发声。1881年，她拒绝缴税。1904年，她在众议院门前焚烧《法国民法典》，要求修改其中不合理的部分。1908年，她掀翻了巴黎一个投票站的投票箱，在当时引起了轩然大波。

1910年，她向议会提交了一份支持妇女选举权的请愿书，争取到6 000多个签名。同年3月的一次会议上，她又发起倡议，号召巴黎的每个选区都提名女性候选人。

> （如今的）选举投票是对性别平等彻头彻尾的欺骗。[1]
>
> ——于贝蒂娜·奥克莱尔，法国政治家、记者

玛格丽特·迪朗，到！迪朗做过一段时间的演员，后来转而从事新闻工作。1897年，她创办了《投石器》，一份完全由女性撰稿、编辑、印制、管理和发行的报纸。[2]《投石器》的女性撰稿人有长长一串名单，她们都是各自专业领域的杰出人士，篇幅所限，在此只列出如下几位：塞韦里娜，本名卡罗琳·雷米，著名记者、时事评论员；埃莱娜·塞，第一位女性政治记者；让娜·肖万，第一位获得辩护资格的女律师；亚历山德拉·达维德-内尔，自由派记者、杰出探险家；波利娜·凯戈马尔，幼儿托育体系的建立者；勒妮·德韦里安，雕塑家、职业女

---

[1] 这句话摘自1908年5月17日的《小日报》。
[2] 第一份完全由女性运营的报纸应该是一群圣西门主义者于1832年创办的《自由之女报：妇女的事业》，随后是1848年的《妇女之声》。由于对所谓的"第一波"女权主义运动之前的状况缺乏了解，很多人会错误地将"第一"归于《投石器》。——原书注

去他的父权制

运动员；多罗西娅·克隆普克，天文学家，等等。

她们在《投石器》上讨论女性投票权，也讨论同工同酬和女工权益等议题。迪朗对妇女工会的支持也很出名。1907年，她成立了妇女劳工办公室，组织了一次妇女劳工大会，只向妇女工会或者男女均有的混合工会开放。迪朗是个有趣的人，她养了一头狮子，取名叫"老虎"。她在共和党人的圈子里也混得不错。1910年，她作为候选人参加普选，引发了不小的媒体关注。迪朗还致力于收集和保存妇女斗争这一领域的文件档案，并于1932年创建了巴黎女权主义图书馆（在巴黎第十三区，国家街79号），担任馆长一职，直到1936年离世。该图书馆至今仍是一个重要的文献和研究中心。

接下来是马德莱娜·佩尔蒂埃，三人当中最激进的一个。与另外两个人不同，她出身平民家庭，父亲是马车夫，母亲是卖菜的。她靠刻苦学习脱离底层，先是通过了中学毕业会考，接下来又把到医院实习当作目标。参加遴选时却发现，医学实习生不要女孩子。好在她很快获得了一些医生及玛格丽特·迪朗的支持。迪朗在《投石器》上连续发声，抗议这一不公正现象。1903年，佩尔蒂埃终于获准参加选拔考试，并以优异的成绩轻松通过。1906年，她成了法国历史上第一位女精神病学家。此外，她打了不少仗，与她的女前辈波利娜·莱昂和路易丝·米歇尔一样，也是选票和火枪两手抓。她认为女人应该和男人一样服兵役，不是出于军国主义（她是坚定的反军国主义者），而是出于女权主

第五章　女人要有选举权

义的自卫。她本人常年腰佩一把左轮手枪以践行这一理念。佩尔蒂埃还支持堕胎和性行为自由，呼吁要为年轻女性提供性教育，她本人则选择守贞以向男权宣战。当同时代的其他妇女参政论者还裹在紧身胸衣里时，她却选择了男装（而且没有申请严格的异装许可）。"我穿这样的衣服，就是在向男性喊话：我和你是平起平坐的。"接下来她又补充道，"要我袒胸露乳也不是不可以，前提是男人的裤子也可以展示他们的……"佩尔蒂埃和无政府主义者走得很近，不排斥采取直接手段。她在日记中写道："砸玻璃当然不算讲道理。但如果公共舆论对道理充耳不闻，只在意被砸碎的玻璃，那该怎么办？——显而易见，该去砸玻璃。"

以上就是1910年我们的候选人阵容。人们可没少给她们使绊子！巴黎大区的区长拒绝给于贝蒂娜·奥克莱尔发候选资格回执，她只好向最高行政法院申诉。巴黎之外，不少地方的投票站站长拒绝统计投给女性候选人的选票。不过，在玛格丽特·迪朗参选的选区，计票还是顺利完成：她获得了整整400张选票！

反对女性投票权和被选举权的恶臭理由一览

"女性因为身体构造而天生容易激动，这对公共事务而言是致命的。她们为辩论的热情所控制，只会向孩子们灌输仇恨，而不是对祖国的爱。"

——让-皮埃尔-安德烈·阿马尔，山岳派国民议会议员，1793年

"如果承认女性投票权的话，下一步连牛也要参加选举了。"

——《费加罗报》，1880年

"因此我们有充分的理由将妇女和其他心智不够成熟的人排除在政治生活之外，他们无法在公共事务的引导中发挥智慧的作用。"

——路易-埃米尔·莫尔洛，激进派社会党，后当选国民议会议员，1884年

"女人的手是用来亲吻的，不是用来把选票放进投票箱的。"

——亚历山大·贝拉尔，激进派社会党参议员，1919年

第五章 女人要有选举权

"好吧,你们要给予妇女政治权利,你们是否也打算满足她们所有的愿望呢? 你们以为这会让竞选更安稳太平、更彬彬有礼——别做梦了。这样做只会在家庭中引入争吵、分歧和混乱,造成家庭的分崩离析! 小孩子们多可怜啊[听众鼓掌]。永别了,甜蜜的家庭生活!"

——埃德蒙·勒菲弗·迪普雷,右翼联盟,众议院副议长,1919年众议院辩论发言

"承认女性选举权是一次跃向无知的冒险,我们有责任对这种冒险保持谨慎。"

——阿尔芒·卡尔梅尔,激进的独立派国民议会议员,1932年

"可以确定的是,女性的人数在太平年代就比男性多。如果有一天俘虏和流放犯都没法回来呢? 不管女人有什么优点,用妇女的选举权取代男性的选举权,合适吗?"

——保罗·贾科比,激进派社会党议员,临时政府国民议会,1944年3月

"我只提一个简单的要求:哪个女人要想被提名,先要给人奁!"

——夏尔·帕斯夸,保卫共和联盟党,前内政部部长,

去他的父权制

1988 年

"如果您知道哪个女人能打下一头野猪,随时可以把她送到我这里来。"

——一名社会党领袖得知自己必须把选区留给一位女性候选人时如是说,1998 年

"女性多年来遭受的历史排挤,不应当成为今天在竞选中排斥男性的理由。我们凭什么要为那些不该我们负责的历史错误买单呢?"

——洛朗·博梅尔、埃马纽埃尔·莫雷尔、让-巴蒂斯特·罗杰和洛朗·布韦,社会党候选人,反对候选人性别均衡时如此表示,2001 年

"那谁来看孩子呢?"

——洛朗·法比尤斯,前总理,社会党,得知塞戈莱纳·罗亚尔竞选共和国总统时如是说,2006 年

第六章

献给那些比无名战士更无名的人

战争不是一下子杀死女人的，而是一点点来的

第一次世界大战的纪念碑上，牺牲者的名字一眼望不到头，找不到一个女人的名字。胜利大阅兵中，士兵的队伍一眼望不到头，找不到一个女人。没有什么比战争历史的书写更男性化了。然而，女人也是战争的参与者和受害者。

诚然，前线是男人的天下，但这是因为妇女从来就没被纳入过考虑范围，尽管有不少女人极力要求上阵杀敌。而且事实上，战场上并非没有女人。除了护士，还有大量的军妓。她们可能没有直接去战壕，但同样顶着枪林弹雨，付出了生命的代价："一战"中在战场上阵亡的护士占10%。战地的医疗强调争分夺秒，截肢等手术需要大量的护士。可笑的是，女医生却没有上战场的资格。著名的玛丽·居里可能是唯一的例外，她获准去往前线时，带上了自己发明的配有透视设备的医疗车，和她的女技师团队一起拯救了众多士兵，使他们免于被截肢。此外，由于总参谋部严令禁止妻子或女友探视，广大士兵还不能"闲着"，官方开办的军妓院应运而生。《当玛德隆……》里那位步伐轻快、

善解人意的"女招待"玛德隆，属于少数几个因战争而"出名"的女人。这首歌在军区的剧院广为流传，为它的作者赢来了荣誉军团勋章。与此同时，却没有人记得那些辛苦工作，让将士们好好休息的女人……

到了第二次世界大战，军队中女性的比例有所提升，不过拥有正式女兵编制的只有法国红军。自由法国的部队中只有430名妇女，仅占全部58 573人中的0.74%。其中就有空军部队的约瑟芬·贝克少尉，为数不多的以军人身份获得荣誉军团勋章的女性之一。绝大多数女性分到的是救护工作，是护士而不是战士。顺便一提，这400多名女兵最开始被称作"法国志愿军女性部队"，由于法语的corps féminin（"女性部队"）也可以理解为"女人的身体"，这个名字引来了一大批下流笑话，最后只好改叫"法国志愿军部队"。不用说，服役期间不准穿丝袜、涂指甲油。她们的制服也成了争论不休的焦点，有观点认为应该尽可能消除女兵的性别特征，不能让她们看起来太性感。没有一个女兵摸过枪。在海峡的另一边，英国在征募妇女参军方面更为积极，但同样没有让女人上战场。

到了抵抗运动时期，妇女的困境与战时相比有了一丝松动。性别化的角色分工依旧存在，妇女们接触到的大多是提供情报，以及藏匿、传送信息、保证供给等后勤工作……人们很快意识到，一个俏丽的女孩子可以比她的男伴更轻松地骑自行车通过关卡，年轻妈妈的婴儿车也是夹带秘密小册子的好地方。与此同时，也有不少真正的女战士和领导抵抗组织的妇女。比如贝尔蒂·阿尔布雷希特，她与亨利·弗勒奈共同创立了小组"战斗"，最后被德国人折磨至死。再比如玛丽-马德莱娜·富尔卡德，她是抵抗小组"联盟"（又名"挪亚方舟"）的领导者。此外，还有法国共产党人达妮埃尔·卡萨诺瓦（死于奥斯威辛）和历史教师露西·奥布拉克。

> 谁在统治世界？女孩子！
> ——碧昂斯（1981—），美国音乐人，2011年

绝大多数妇女与战场无缘，却无法免于战争之苦。"大后方"出现的种种问题，都是女人冲在最前面去解决。由于食物和燃料短缺，保证日常用度就成了一项费时又费力的工作，基本都是女人在做。她们需要大清早去煤店门口排队，等上好几个小时，动用手里所有的人脉关系，走投无路的时候，甚至去小偷小摸——大量的女性偷窃案导致战时女囚犯人数激增。生活成本的上涨让妇女的境况雪上加霜。男人都出去打仗（"二战"期间多被俘虏），家里少了一份薪水，收入一落千丈，给军属的津贴只是杯水车薪。顺便一提，由于这时家庭账户不得不交给女人管理，这项被1804年《法国民法典》剥夺的民事行为能力终于交还到妇女手中，她们总算可以自由支配家庭的银行账户了——但要庆祝胜利，还为时过早！

两次世界大战期间，所有的参战国都有女性遭到强奸。针对这一现象的研究清晰地表明绝大多数武装冲突都伴随着对女性的强奸。战争松动了和平时期的禁忌。与此同时，存在着一种罪不当罚的心态，这和军人的身份有关，也和战时强奸大多是团体作案有关。诸如轮奸这种共同经历，能加倍团结此类男性小团体，并在他们内部进一步激发阳刚之气。还有一种常见的心理，就是通过强奸敌人的妻子来达到征服和羞辱的目的。直到20世纪90年代末，战时强奸才被定义为违反人性的罪行。

妇女在战争期间经历了大规模的动员。总的来说，妇女是"自愿"投入战争的，尽管她们从未主动要求遭受那些深重的苦难。此外，当时也不乏对女性的强烈呼吁。1914年8月，"一战"爆发后，时任总理勒内·维维亚尼向全国妇女喊话说："起来！法国女人！让男人上战场，换你们来工作！"女同胞们，到工厂去！到田地里去！

然而，不论是军队里的护士和军妓（一天接待的军人数以百计）还是后方的工厂女工，女性的工作条件都糟糕得可怕。女权主义记者玛塞勒·卡皮曾在《妇女之声》上描写军工厂冶金女工的工作环境："她抓起炮弹，把它搬到上半部分已经抬高的设备上。放好炮弹后再把这部分放下来，多方检查。最后松开钟形罩，拿起炮弹移到左手边。每枚炮弹重达7公斤。正常情况下，一名女工一天要处理2 500枚炮弹。由于每枚炮弹都要搬两次，她一天要搬运的重量重达35 000公斤。"她们都是站着上班，一站就是10到14个小时，不分白天黑夜，一周七天没有休息——劳动法已经不管用，一切为了战争。女工们呼吸着有毒的烟雾，毫无防护地接触腐蚀性物质，操作危险的切割机器。她们拿到的薪水，却只有相同职位男性的一半。

妇女在战争中的动员并没有得到应有的记录。通用的称谓完全没能反映她们的贡献。制造炮弹的女工被称作"造军火的小姑娘"，缝制军装的则被称作"小裁缝"。女人口中的"另一条战线"、"工作的前线"和"大后方的女战士"，从来没有听男人提起过。

无论如何，战争让女性第一次接触到不少一度由男性垄断的职业，这的确算是一种解放。旧有的性别分工由此打破，因为与传统意义上的女性岗位相比，这些职业通常要求更高，报酬也更多。

于是，新一轮的女性斗争开始了。

妇女的斗争之路！

妇女第一次组织罢工是在 1917 年 5 月。当时，巴黎珍妮服装厂的"小裁缝"高呼口号，争取"周六加班全额工资"和"每天一法郎的生活津贴"。一开始，没有人把她们当回事，觉得不过是一群"可爱"的女工在搞一些"和气"的抗议。可没过多久，从打字员到橡胶厂女工，从银行职员到费利克斯·波坦连锁杂货店的女店员，都纷纷加入进来，人们开始慌了神。直到 5 月 29 日，罢工蔓延到了军工厂，这场运动出现了转折点。比扬古的女工第一个响应，雷诺工厂的卡车、坦克生产被迫暂停，然后是雪铁龙的炮弹厂宣布停工。当局担心这样下去会危及战争进程，于是召集雇主和女工的双方代表来协商解决方案。

> 关老娘屁事？老娘只想要双休。
> 关老娘屁事？老娘只想要 20 苏[1]！

——"小裁缝"之歌，1917 年

老板们最终让步，同意给女工涨工资（然而和同一职位的男性相

---

1 苏：法国原辅助货币。1 法郎合 20 苏。——编者注

第六章　献给那些比无名战士更无名的人

比，女性的工资依然要低20%）。政府也通过了一项法律，将"英式周末"确定下来，规定周六和周日都是带薪休假日。1916年4月，妇女劳动委员会在主管炮兵和军需的国务秘书阿尔贝·托马的推动下诞生，颁布了一系列旨在进一步规范妇女工作环境的法规，其中格外限定了孕期妇女和新生儿母亲的工作条件。1917年8月关于母乳喂养室的法令可能最具有代表性，兼顾了工业生产和儿童抚养这两个与国家未来密切相关的目标。

尽管绝大多数女权主义者都接受了1914年的神圣联盟[1]，追随政府共同抗击外敌，但她们在和平主义运动中依然发挥了重要作用。围绕着德国马克思主义理论家克拉拉·蔡特金，法国女社会党人在伯尔尼组织了一次国际会议，呼吁立即实现和平。国际妇女争取永久和平委员会法国分部也在巴黎成立，由加布丽埃勒·迪谢纳领导。1917年11月，工会成员、女权主义教师埃莱娜·布里翁，因撰写和平主义的小册子而被监禁。

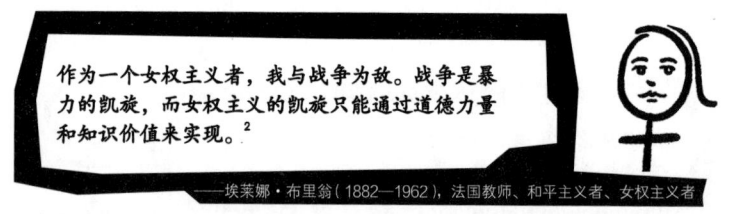

> 作为一个女权主义者，我与战争为敌。战争是暴力的凯旋，而女权主义的凯旋只能通过道德力量和知识价值来实现。[2]

——埃莱娜·布里翁（1882—1962），法国教师、和平主义者、女权主义者

---

1 神圣联盟：第一次世界大战期间，法国左翼同意不反对政府或不举行任何罢工，以爱国主义名义做出的政治和平承诺。这违背了工人国际法国支部一贯的不参加任何"资产阶级战争"的理念。
2 埃莱娜·布里翁在1918年受审时如此说。

接下来的这一点与法国女权主义史无关，但值得铭记。1917年3月8日（俄国儒略历2月23日），彼得格勒的妇女们走上街头，要求得到面包和选举权，要求归还她们被派往前线的丈夫。这次大规模的和平示威引发了一场全面起义，在几天之内掀翻了沙皇的统治。3月8日就这样从共产主义国家走向了全世界，成了国际妇女权利纪念日。始终应当记得，3月8日，是妇女走上街头革命的第一天。

第六章　献给那些比无名战士更无名的人

女人并非只是战争中的家仆

标题出自著名自由派女记者塞韦里娜于1919年说过的一句话。丑话说在前头：接下来这几页纸所记录的，不过是一长串开倒车行为的开端，性别秩序再度固化，对妇女贡献的抹杀愈演愈烈。

我们先从屈指可数的几个小心翼翼的"进步"说起吧。第一次世界大战结束之后，妇女获得了选举权——对不起，没说清楚，是其他国家的妇女获得了选举权，法国女人还需要等到第二次世界大战结束。然后，值得注意的是，从1919年起，女孩子可以参加中学毕业会考了，国家级和学院级的护理文凭也开始向女性开放（让女人去当护士起码还有点用）。最后，1945年6月28日在香榭丽舍大街进行的胜利大游行有女性参加，1944年7月26日的一项法令确认要在法国军队中设置女兵部队。

不好意思，好消息到此为止了。

妇女在战争中发挥的作用遭到了全方位的抹杀，没有一个领域例外。国家记忆只考虑男性军人，对女英雄和女性受害者则一概只字不提。至于阵亡将士纪念碑，就更没有女人的份儿了。"二战"结束后，法国共颁发了1 000多枚解放勋章以表彰抵抗运动中的杰出代表，而在这1 000多名"战友"中，只有6个女人。1944年，一份想要向妇女致敬的报纸这样写道："她们在大后方守住了她们应有的位置，就是做一个好妈妈、好姐妹、好妻子。"

此外，还存在专门针对女性的报复行为。1944年解放后，各地有大量的妇女被当众剃头。法国的情形尤为严重。过去认为约有2万名女性遭此暴行，现在的统计认为应该不止这个数字。他们以清算的名义对女人进行公开的羞辱，不经审判和调查；扒掉她们的衣服，剃掉她们的长发，迫令她们游街示众。她们的罪名是所谓的"通敌"，与德国士兵发生性关系——难道男性就可以撇得一干二净，从来不曾以别的方式与敌人"合作"？暗中进行非法买卖、举报，都是男人的拿手好戏。这样的行为，除了确证男人对女人及其身体的掌控，还有什么意义？

在家庭内部，男人的回归意味着一度有希望获得解放的妻子也不得不一同"重回正轨"。《法国民法典》恢复生效，前文提到的赋予女性的民事行为能力再度被撤回。事实上，妇女在战争期间大放异彩，部分造成了男子气概的危机：男人们觉得自己被耍了，觉得女人们趁他们不在的时候抢走了原属于他们的工作岗位和公共空间。所有相关研究均显示，"一战"结束之后的几个月，家庭暴力现象出现了明显反弹。复员军人因（没有证据支持的）通奸杀害妻子的案件屡见不鲜，反映出当时的普遍焦虑，而他们最后几乎都是无罪释放。同样的现象在

第六章 献给那些比无名战士更无名的人

第二次世界大战之后再度出现。

> 那时，人们不惩罚真正有罪的人，而让姑娘们当替罪羊。她们遭遇不公正的对待，甚至被当众剃头。[1]
>
> ——保罗·艾吕雅（1895—1952），法国诗人

男性军人的复员也意味着女人的"复员"——回归家庭。对女性劳动者的遣散迅速而残酷，不过妇女对此不是没有心理准备。早在战争还没结束时，工会就已经对女性参加工作表达过忧虑。"无论战争结果如何，妇女对工人阶级的就业都已经构成严重的威胁。从前线归来的男人们将不得不面临与女工的新一轮战斗。到那时，她们已经掌握了一定的工作技能，在薪酬方面也有竞争优势。"1916年12月，时任法国总工会冶金部秘书的阿方斯·梅里海姆如是说。

1918年11月，时任军备部长卢舍尔向军工厂女工开出条件，以一个月的工资换她们立刻主动离职。工会是没法指望的——1918年，法国总工会在大会上重申妇女应当"回归家庭，那是她们应该待的地方"，原话是"这符合妇女解放的理念"。到了1945年6月，情况没有丝毫改善。英国杂志《大西洋月刊》大标题高呼："让我们摆脱女人吧！"

另外，战争导致的高死亡率使得战后的人口焦虑尤为严重。增加人口成了国家的当务之急。来吧，姑娘们，让我们加把劲儿努力造人！

---

[1] 这句话是诗歌《懂的人自然会明白》（1944）的题词。

1921—1924年，避孕、堕胎一律禁止，倡导限制人口增长的新马尔萨斯主义宣传也消失得干干净净。反堕胎运动的影响一直持续到"二战"结束之后。

"他死后能上天堂，却无人为我立碑/我不过是无名战士的妻子。""一战"之后，法国的每个市镇都立起了官方的战争纪念碑以纪念死者。然而在这些纪念碑上，能找到的女性形象只有具象化的祖国母亲、胜利女神，或者象征法兰西的玛丽安娜。唯一一座向法国妇女"真人"致敬的纪念碑位于克勒兹省的拉福雷迪唐普勒，刻着这样的铭文："埃玛·比雅代，因悲伤过度而死。"这几个字也不是轻易就能有的。比雅代夫人在战争中失去了三个儿子，更重要的是，比雅代先生是一个在巴黎发了财的克勒兹人，是他向市政府提议要出资修建纪念碑的，条件就是要刻上他妻子的名字。这样的提议让人没法拒绝，市议会很快就通过了。

然而，纪念碑上"埃玛·比雅代"几个字惹怒了一个叫费利克斯·迪布勒伊的人。他是克勒兹省退伍军人协会的主席。迪布勒伊给市长写信，很严厉地说："本该献给那些为了法兰西（这三个字下面画了三条着重线）死去的孩子的纪念碑上，出现了一个女人的名字。这在退伍老兵中间引起了不小的骚动。"接下来的话稍微客气一些，但依旧不容置疑："尽管这位可敬的女士身上可能有着诸多优秀的品质，我依然不认为她配得上这样光荣的称号。"市长没有动摇。

第六章 献给那些比无名战士更无名的人

直到 1955 年，皮埃尔丰镇才立了第一座致敬护士的纪念碑。2000 年，凡尔登市建了一座献给妇女的纪念碑。2018 年，图尔市死者纪念碑的名单补上了护士玛塞勒·卢瓦的名字。

铆工罗茜

你肯定见过她,这位铆工罗茜。本书的封面设计师弗雷德·索查德就是在向她致敬。她戴着红底白波点的头巾,穿着蓝色工装,撸起袖子展示她饱满的肱二头肌,拳头紧握(我一度以为她是在做一个很淫秽的手势[1]),下面有几个大字:"我们能做到!""铆工罗茜"的形象已经成为女权主义运动的象征,被无数次重复、模仿和改造。在2019—2020年的抗议养老金改革运动中,许许多多的"罗茜"结队游行,抗议新法案对妇女权益的侵害。谁能想到,如今这么有影响力的罗茜,最早是1942年美国西屋电器公司一张海报上的人物呢?

当时,西屋公司的老板委托J.霍华德·米勒设计一张海报供公司内部使用。"我们能做到!"的标语原本是资方和政府的号令,没有丝毫女权主义色彩。因为工资标准非常低,女工也都是大规模招募来的,工作条件相当糟糕,领导层担心罢工会威胁到公司。由米勒设计的同系列其他海报也是这种风格,充分体现出西屋公司老板的家长式做派。至于海报上女工的原型,则来自米勒在报纸上看到的一张照片,拍的

---

[1] 在法国及欧洲其他一些国家,前臂上举,拳头朝上,另一只手垂直握住肱二头肌,这个手势叫作"bras d'honneur",侮辱性极强。

第六章 献给那些比无名战士更无名的人

是加利福尼亚某航空基地的娜奥米·帕克·弗雷利。弗雷利本人对海报绘制一事一无所知。

这张海报制作出来之后，只在1942年2月展出了两个星期，本该很快化作历史的尘烟被人遗忘。可是1943年5月，《星期六晚报》的封面又刊出了诺曼·洛克威尔画的"铆工罗茜"。和之前那幅不完全一样，模特从娜奥米·帕克·弗雷利换成了玛丽·多伊尔·基夫，但都穿着蓝色工装，手臂扣起（区别在于，米勒版的女工坚定地握着拳头，而洛克威尔版的手里拿着一个三明治）。洛克威尔这一版里，画中女工脚踩《我的奋斗》，膝上放着一把巨型铆钉枪。工具旁边，午餐盒暗示了她的名字——罗茜。这个名字的灵感很可能来自"四个流浪者"乐队，他们有一首歌叫作《铆工罗茜》。此外——让我们完成对这一形象的考古——《星期六晚报》版"罗茜"的造型也可能受到了西斯廷教堂壁画中以赛亚先知形象的启发。总之，"罗茜"从此成了美国兵工厂女工们共通的名字。她们被大规模动员参加工作，又在战争结束后被迅速遣返回家。1945年，不幸失业的"罗茜"占到了80%。

在此期间，最初版本的"罗茜"，也就是米勒那一版，逐渐被人遗忘。

直到后来，新的转折出现。1982年，《华盛顿邮报》为一期有关爱国主义艺术的专题组稿，把"罗茜"从档案室里翻了出来。女权主义者很快看到了"罗茜"的可贵之处，她迅速从美国走向全世界，成了如今

去他的父权制

女权主义运动的标志性形象。"罗茜"的命运还真是一波三折！

话说回来，女权主义运动的关键日期"三月八日"、标志性形象"铆工罗茜"以及著名口号"我们能做到！"，全都源于两次世界大战，这或许并非巧合！

第六章 献给那些比无名战士更无名的人

无名战士的妻子

他出发赴死,

微风拂过脸庞,

宛如一丝微笑

轻轻滑过嘴角。

他的妻子不用离开,

她在家中慢慢死去。

留下的只有一个,

哭泣的却是两颗心。

他不得不走,

他不会再来,

我那无名的爱人啊,

他得到了他的奖章。

无用的荣誉,

无声的死亡,

他得到了十字架,

我却一无所有。

去他的父权制

（副歌）

他死后能上天堂，却无人为我立碑。
我不过是无名战士的妻子。

每年都有人来纪念，
纪念他的回忆。
而我独自一人，
却从未有人造访。

然而我也会死去，
或许死得突如其来。
死亡或许会突然造访，
就在果酱罐子中间。

我的战争已经结束，
但在房间里面
是另一种战争，
需要另一副铠甲。

我的战争
是无时无刻的婴儿车。

第六章　献给那些比无名战士更无名的人

可以把一颗心撕裂的，
不是只有子弹。

（副歌）

我的战争不夺走生命，
只献祭生命。
我的战争里，
死亡从不屈服。

我的战争已经结束，
我的战争甚至有微笑，
虽然不是每天
都如节日般欢畅。

他不得不走，
他不会再来，
我那无名的战士啊，
他得到了他的奖章。

无用的荣誉。
当死亡将我带走，

除了一位妻子的荣誉,

我一无所有。

(副歌)

《无名战士的妻子》,由马吉德·谢尔菲作词,弗朗索瓦丝·沙皮伊作曲,出自组合 Femmouzes T 的专辑《三度流行》。感谢马吉德·谢尔菲授权。

本章标题灵感部分来自这首歌。

第七章

全世界的无产者，你们的袜子是谁洗的？

女性从未放弃参与劳动！

好的，准备好听我们再大声说一遍，事实是：女性从来没有闲着，女性一直在劳动！

说出来好多了。广泛存在着一种根深蒂固的迷思，觉得妇女参加劳动是"一战"之后才开始的。根本不是这样。不仅如此，女性并不是一帮大懒虫，等到男人上前线才被逼着去干活。听好了，妇女很久之前就开始劳动了，而且一直在作为劳动者争取自己的权利：和所有劳动者一样的权利，和男性劳动者平等的权利以及尊重女性特殊性（比如女人会怀孕）的权利。对于女权主义者来说，劳动是一项权利，也是独立和尊严之源。

女性的劳动和男性的劳动从来就没有被一视同仁过。就说农民、商人、手艺人的妻子吧，她们从未被算作"女性劳动者"：从19世纪到20世纪初，人口普查登记表上有一项是"无业"，最多写成"家庭援助"。说到农妇，她们直到1980年才有了"合作耕作者"的身份。更不用提在各行各业普遍存在的薪酬不平等了，女人和男人干着一样的活，付出了同等的劳动时间，却一直拿着比男人低的薪水。还记得19

世纪初自由主义经济学家们的说辞吗？他们给出的理由是，男人拿到的报酬是一份"家庭薪金"（胡说八道！当时的薪资水平那么低），而女人拿到的只是简单的"补充薪金"。没错，1803年经济学家让－巴蒂斯特·赛白纸黑字就是这样写的。当时没有结婚组建家庭的人，拿着可怜的薪水，过的是什么样的生活，可以想见。最后，别忘了《法国民法典》的规定：妻子需要丈夫的许可才能出去找工作，且薪水归丈夫支配——毕竟在1967年之前，妇女都没法独立在银行拥有个人账户。

> 同工同酬！
> ——从巴黎公社时期到今天始终如一的口号

女性一直在劳动，但职业上的性别分工一直存在。男人们得到了更为珍贵的原材料（比如木材、金属），以及更为"尊贵"的行当（比如炼钢、冶金）；女人们分到的工作则是农产品加工和纺织——关乎吃的、穿的和女人家的东西。男的当医生，女的做护士；男的当产科医生，女的做助产士。之所以出现这样的性别分工和职业等级化，是因为女性的能力被"自然化"，也就是说，女性的能力被认为是"天生的"——女人被认为天生更善于看顾小孩，更善于照料老弱病残，更善于打扫卫生，更善于在酒店整理床铺。这种"自然化"让女性被限制在这些工作当中，同时让她们无法获得职业资格认证（如何评定一种"天生的"技能呢？），因此也就没法拿到更高的薪水。要求最高、报酬最多的工作，都留给了男性。有人说根本原因是男性比女性更强壮、更有体力。这个观点根本站不住脚：因为有些女性比男性更强壮，而且机械化时

第七章 全世界的无产者，你们的袜子是谁洗的？

代早就不唯体力论了。然而男人可以按日结算工资，妇女长久以来却只能拿计件工资——要知道，按件计酬意味着没有止境的连续工作和非人的工作强度。直到如今，很多大型酒店的女职员工资依然是按房间而非工作日计算的。人事管理岗位上也都是男性：就连女工工厂里的工头都是男的，而且只能是男的，因为培养行业管理者的学校从来不向女性开放。出现经济危机时，首先开掉谁？女人。工资折半，没有养老保险的兼职工作，都是谁在做？女人。直到20世纪初，怀孕的女员工还必须在岗位上坚守到生产为止。孩子生出来，家里多了一张嘴要吃饭，但妈妈能否回归岗位却是未知的。这锅"大杂烩"还少了关键的一味：长久以来，被消声、被默许的各种形式的性暴力。直到1992年，职场性骚扰才被定罪。最后的"点睛之笔"：女人都是"一日双班"[1]，下班回家之后，还有另外一份工作等着她——做饭，收拾家，照顾小孩……

> 需要赶快解决的不是家庭主妇，而是性别歧视！
>
> ——巴黎标语，2011年5月

---

[1] "一日双班"：又译"双重负担"或"第二轮班"，指家庭中有成员既要工作赚钱，又要处理家务。若夫妻双方都有工作，花较多时间料理家务及负责照护（包括育儿、照顾生病的家人等）的往往是妻子。

去他的父权制

女性劳动者的维权斗争

女性劳动者不是没有斗争过，但绝非易事。毕竟工人运动从来就没打算拉她们入伙，有时甚至和她们对着干。"男主外，女主内"一直是工会等工人组织的叙事模式。这些组织声称男性之所以可以拿到更高的工资，是因为这笔钱是给家庭的——哎哟，工会居然和自由主义经济学家想到一块儿去了，真是难得。它们始终以维护法国男性劳动者的利益为己任，把想要就业的女性及外国人视为不正当的竞争对手（因为这些人的薪资更低），动不动就横加痛斥，甚至给她们安上莫须有的罪名，诬陷她们是罢工运动的内奸。1866年，国际工人协会（后来称"第一国际"）法国支部明确表示反对妇女参加劳动。1876年，工人代表大会重申这一观点，认为"女人天生的位置就是待在家里"。少部分人倒是乐于承认男女平等，但总能找到理由无限期推迟实际行动——平等问题的确亟待解决，但还是先集中精力打倒资本主义，解放全人类吧！因此，妇女始终没能像男性劳动者那样组建强有力的工会，导致她们更加孤立无援，面对雇主时难以保障自己的权利。

第七章　全世界的无产者，你们的袜子是谁洗的？

妇女想要争取的首先是工作权。历史上，女权主义运动一直将工作视作妇女解放的关键一环来重点争取。相比待在家里，独自面对贫困无法脱身，工作提供了通往经济独立的可能路径。但是要真正实现解放，单参与劳动而不改革劳动是万万行不通的：如果没有应得的工资，女性劳动者仍旧会受困于男权的统治。这是一场耗时良久的斗争。

1848年，女工们在"二月革命"的白热化阶段夺得了和男性工人同等的权利，包括有权加入为失业者提供岗位的国家工厂，有权在卢森堡委员会中拥有代表席。然而从同年6月起，自由主义的全面倒退让她们遭受痛击。妇女罢工在各地如雨后春笋般接二连三地涌现出来。1831年，里昂丝绸工人罢工事件标志着法国工人运动的诞生。劳动妇女的斗争史同样始于里昂的丝绸产业：1869年，当地的捻丝女工坚持了一个月的罢工，要求雇主提高工资，同时缩短工时。最后只有第二个诉求得以实现。1905年，同样是要求涨工资、减工时，维济耶纺织厂的女工在露西·博的领导下发起罢工。这次罢工之所以广为人知，是因为露西·博就此留下了一篇精彩的文章，收录在历史学家米歇尔·佩罗的著作《女工的忧伤》一书中，之后又被热拉尔·莫尔迪亚搬上大银幕。类似的斗争还有很多：1905年利摩日瓷器厂女工为抗议工头性侵犯罢工；第一次世界大战期间"小裁缝"和"造军火的小姑娘"接连罢工，最终争取到了周末双休、生活津贴和同工同酬（详见第六

去他的父权制

章）；还有"沙丁鱼头"[1]罢工事件，即约瑟芬·庞加莱（顺便一提，她是1925年第一批当选市议会议员的女性之一）领导的杜瓦讷内市沙丁鱼罐头厂女工罢工。

1936年5月到6月发生了一连串大罢工，在此期间，妇女们和男性工人一同占领了工厂，虽然她们很快又被打发回家做饭，以免在工厂驻守的男性工友们饿肚子。罢工结果：《马提尼翁协议》和之后的一系列集体协议都没有涉及男女同工同酬的问题。[2]

> 劳动妇女想要的不再是有组织的施舍，而是工作能得到合理的报酬。
>
> ——《妇女之声》，1848年4月14日

到了20世纪下半叶，劳动妇女的罢工依旧接连不断。大多数罢工都出于明确的诉求，比如1976年的家纺业大罢工以及1978年下诺曼底大区家电工厂"万能"（Moulinex）的大罢工，都和工资水平过低有

---

[1] "沙丁鱼头"：杜瓦讷内市居民的别称之一，可追溯到18世纪，后也指该地区渔妇所戴的传统头饰。杜瓦讷内市是重要渔港，也是沙丁鱼的重要产地。从19世纪中叶起，工业化带来了沙丁鱼罐头业，也使得该市的人口迅速增加，大量涌入的乡村人口使得这种头饰普及开来。

[2] 1936年6月7日，法国生产总联盟、法国的雇主组织、法国总工会与法国政府签订了《马提尼翁协议》，争取到了合法罢工权，规定消除对工会组织的障碍（未经劳动监察部门批准，雇主不得解雇代表），以及所有工人的工资上涨7%—12%。后续争取到的还包括两周的带薪休假、一周工作40小时、集体协商权等。

第七章 全世界的无产者，你们的袜子是谁洗的？

关。少数是为了表达对某事的抵制，比如2012年"蕾雅碧"（Lejaby）纺织厂女工抗议工厂搬迁的罢工。部分罢工伴随着女工自治的种种探索。1973年6月，贝桑松的厉溥钟表公司发生了后来广为人知的大罢工，提出标志性的口号："活我们自己干，产品我们自己卖，工钱我们自己付！"同年8月，瑟里宰镇库索工厂也发生了一次罢工，只是没那么出名。起因是一名女性工会代表遭解雇，引发50多名女工决定自治管理，另设一个自己的车间生产"普利牌"（Pil）衬衫，向厉溥钟表公司一同斗争的工人姐妹致敬。服务业的女性劳动者罢工也越发频繁，特别是护士（如1988年）和助产士（如2013年）。近几年，在清洁行业（如新型清洁公司欧奈特）和大型酒店工作的少数族裔妇女组织了多场罢工，很多也取得了胜利。然而，在波澜壮阔的工人运动史中，上述妇女罢工却常常被隐去不提。与更广义的劳动史一样，工人运动的故事也是从男性角度书写的。

> 我们不是修女，不是女仆，不是傻瓜。
> ——护士罢工口号，1988年

在同工不同酬、工作环境恶劣等传统议题之外，女性劳动者的斗争也在不断扩展，容纳新的诉求，比如"一日双班"问题，以及女性因职业生涯不连续，在养老金计算中处于不利地位的问题。此外，职业女性常见的"玻璃天花板"问题，护士、助产士等"女性色彩强烈的"职业资格认证和专业化问题，职业名称的性别包容性问题，都值得讨

论。最近,"创业型女权主义"成了一股新风潮。可我们不应忘记苏珊·阿斯科埃 1979 年点破的事实,至今仍旧振聋发聩:"好几代的家庭妇女牺牲了自己,是为了让同时代的其他女性能完成解放,在社会上找到自己的位置。"

第七章 全世界的无产者,你们的袜子是谁洗的?

地铁、工作与摇篮

母亲是所有女性劳动者中享有最多权利的一个群体，这是因为就像资方需要女性工作一样，国家也需要女性生孩子。不过19世纪时还不是这样。那时既不存在产假，也不可能因为生孩子就给女工调整岗位，什么保障都没有。但即便如此，出生率还是一度居高不下，因为工人家庭指望养儿防老，在社会保障完全空缺的年代，只能多生小孩，让他们尽早挣钱养家。这一现象随着童工的废除而告终。一夕之间，工人家庭受到马尔萨斯主义的影响，不再积极地生育小孩。不妙啊！这可不是好兆头。生育率一跌再跌，该怎么办？从1909年起，一项法令赋予妇女8周的无薪产假，保障其重回岗位的权利，但仅此而已。落到现实中，只有极少数劳动妇女能真正享受产假（女教师在1910年获得了享受带薪产假的福利）。第一次世界大战期间，妇女既要去工厂劳动，支持战争，也要提高生育率以弥补战争造成的人口流失。孕妇和年轻母亲的劳动保护于是成了一种必然。1917年出台的一项法令要求工厂设置母婴室，并调整孕期和哺乳期妇女的工作时间。1925年，《施特劳斯法案》重新调整了产假的分配，但能享受产假的妇女依旧寥寥。直到第二次世界大战之后，妈妈们才有权享受产前6周、产后8周的带津贴假期。1968年之前，津贴以半薪为标准按日累积；1968年之后转为全薪。计算妇女的养老金时，生育子女的数量、产假、育儿以及其他因素所导致的职业生涯暂停也逐渐被纳入考量范围。

第七章　全世界的无产者，你们的袜子是谁洗的？

勇敢的约瑟芬

来,听我讲讲一个布列塔尼女人的故事。她是一名女工,工联主义派,是领导罢工的积极分子,也是在妇女正式取得投票权之前,最早成功当选市议会议员的法国女性之一。她就是约瑟芬·庞加莱,提起她,就不得不提起法国历史上两次精彩的妇女罢工运动。

约瑟芬·庞加莱出生于1886年。她的姓氏"庞加莱"在布列塔尼语中是"头铁"的意思。庞加莱家有不少人是渔民,这在杜瓦讷内当地并不罕见。该地区经济的两大支柱产业就是渔业和罐头业,性别分工也相当明确:男的出海捕鱼,女的进厂上班。自从罐头在1820年被发明出来,改变了食物的保存方式,罐头厂就如雨后春笋般在布列塔尼的海岸线上涌现。到19世纪末,整个布列塔尼已经有160家罐头厂,女工近1.4万人。我们故事的主角约瑟芬就在其中一家罐头厂上班,是人们所谓的"沙丁鱼头"。罐头厂的工作非常辛苦。当年在法国共产主义中央工会负责妇女工作的露西·科利亚尔这样描述道:"她们得站着,一刻也不能坐下。每个人面前的桌子上都摆满了沙丁鱼。她们先在小铁丝篮子里排好沙丁鱼,头朝下,浸入翻滚的油锅,然后把过了油的沙丁鱼整整齐齐地塞进罐子里,灌满油,最后放在机器上封口……大量的鱼和滚烫的油散发出一种复杂的气味，让人觉得恶心。从工厂里出来的时候，我头痛欲裂。不知道那些可怜的女工都是怎么熬下去的，连新鲜空气都没有，连续工作那么长时间。"（《一次精彩的妇女罢工》，1925年）她们的工资标准是每小时80生丁[1]，非常低——作为对比，当年一公斤有盐黄油的价格是15法郎（要工作近19个小时才买得起一公斤黄油）——女工们遭受的是赤裸裸的彻头彻尾的剥削。为了给自己鼓劲，她们这样唱道："无忧无虑的有钱人／向破衣烂衫的穷光蛋敬礼！／你们的百万家财／都是他们辛辛苦苦挣出来的／向他们敬礼！"因为在厂里哼唱这支"反动"歌曲，多名女工被老板开除。

就是在这样的沙丁鱼工厂里，重大的社会运动——妇女大罢工——开始孕育。先是1905年，杜瓦讷内和孔卡尔诺两地的罐头厂女工在厄拉利·贝尔伯奥克的带领下发起罢工，目的是争取按小时计算工资。此前她们拿的一直都是计件工资，以处理1 000条为单位计算。正如前面提到的那样，计件工资是典型的妇女劳动者问题，意味着非人的工作时长和工作强度——罐头厂的女工一天往往要工作18个小时。在工会领导安杰利娜·戈尼代克的带领下，女工们不屈不挠，从1月坚持到了8月，最终夺得了胜利。每小时80生丁的工资就是她们光荣斗争的果实。只是等到近20年后，拖着两个孩子的寡妇约瑟芬·庞

---

1 生丁：法国原辅助货币。1法郎合100生丁。——编者注

第七章 全世界的无产者，你们的袜子是谁洗的？

加莱进厂时,这个工资标准还是完全没变……

～～～

1924年11月,又一次大罢工爆发了。要知道,自1919年起,法律就规定每日工作时长不得超过8小时,罐头厂却完全不当回事。每天工作最少10小时,经常加班,有时还要加夜班,而且没有加班费。于是,新一代"沙丁鱼头"走上街头,甩手不干了。她们中有很多是1905年那些罢工积极分子的女儿,其他人也对当年的光辉往事记忆犹新。这回的口号是"Pemp real a vo！",意思是:每小时1.25法郎!

一个包含15人的罢工委员会被选举出来,其中有6名女性。约瑟芬·庞加莱得以入选。与此同时,她还担任杜瓦讷内金属行业工会(隶属于法国共产主义中央工会)的助理秘书。庞加莱能获得这两个职位,一定程度上和她寡妇的身份有关。从地方到国家,沙丁鱼厂女工们得到了社会各界的支持,不仅有渔民、工人和工联主义者,还有政治家和被她们的斗争所触动的普通公民。时任市长丹尼尔·勒·弗朗谢克领导的共产主义市政府也对女工们表达了支持,还组织了施粥。对于工厂主而言,这次罢工的影响是毁灭性的。没有女工就没法及时处理渔获,捕鱼也就没法正常开展,因为捕到的鱼没法保存。没有交易,也就没有进账。杜瓦讷内市的经济以加工渔业资源为生,此时陷入瘫痪。于是,宪兵出动,暴力镇压罢工,市长亦因"妨碍劳动自由"的罪名被停职,然而斗争并没有就此停止。工厂主们开始找人破坏罢工,其中一个名叫莱昂·雷尼耶的,1925年元旦试图刺杀勒·弗朗谢克,所幸没能成功。刺杀引发骚乱，媒体也被吸引过来，罢工运动的影响进一步扩大，激起了广泛的同情。

成功最终来到，虽然姗姗来迟。1925年1月上旬，工厂主们终于做出让步。每小时1法郎的工资标准、加班工资和工会权利，女工们都拿到了！

为了给这场运动画上一个完美的句号，市里组织了欢乐游行和盛大的舞会，参加者有5 000人之多。紧接着，1925年5月举行的市政选举成了一个宝贵的契机，可以将来之不易的工会斗争转化为政治成果。也是在这一年，法国共产党决定提名女性候选人参加市政选举。它抓住了选举法中的一个漏洞：1884年的法律实质上杜绝了妇女当选的可能，但并没有明确阻止她们作为候选人参选。对于法国共产党而言，这也是它能超出妇女参政论者组织的地方，后者相对还是改良派和资产阶级的。就这样，女性的名字出现在了法国共产党的市政选举候选人名单上，几乎遍布全法各地——不过虽然被提名，她们的身影却从来没有在会议主席台上出现过……

话说回来，约瑟芬·庞加莱在第一轮就成功当选。趁着取消选举结果的流程还在兜兜转转，她一口气加入了6个市议会，还不算学校委员会和卫生委员会（当然，依旧是性别色彩相当浓重的岗位）。

不出所料，约瑟芬·庞加莱的当选于6月16日被省议会宣布无效。她当然不服判决，向最高行政法院提交了上诉——这是头一回有人把

第七章 全世界的无产者，你们的袜子是谁洗的？

此类案件上诉到最高行政法院。11月，法院驳回了上诉，不过在档案馆保留的卷宗上还残留着许多涂抹痕迹，多少反映出当时法院左右为难的境地。此外，整件事中特别意味深长，也非常悲哀的一点在于，除了庞加莱本人，没有谁在乎选举结果的有效性。庞加莱当选又被取消的事没有一家当地媒体报道，地方和法国共产党中央里也无人在意。就这样，约瑟芬·庞加莱黯然退场。失去了所在党的支持，她也就变回了普通女工，回到含辛茹苦、命运无法由自己做主的境况。

就这样，她从当地的政治生活中消失，不再出现在档案记录里，就这样归于沉寂——就和许许多多妇女一样，被人遗忘。等到终于有人记起她来，已经是她死后的事了。

"沙丁鱼头"之歌

暮色正浓,她们在海风中瑟瑟发抖。
空无一人,她们的脚步声回荡在街头。

(副歌)

靴子踢踏,你听见了吗?
来的是罐头厂女工。
靴子踢踏,你听见了吗?
来的是一群"沙丁鱼头"。

年方十二,她们只是一群小女孩,
小小年纪,工厂大门朝她们敞开。

从早到晚,沙丁鱼永远刷洗不完,
清理干净,还有大油锅等着煎炸。

只要还有鱼,活儿就继续干。
工作就是命,不要想不开。

累到筋疲力尽,依旧不敢闭眼。

第七章 全世界的无产者,你们的袜子是谁洗的?

她们大声合唱,忍耐没有极限。

累得要死要活,工资约等于零。
生活如此艰难,谁能笑脸相迎?

那一天终于来到,妇女们站了起来。

靴子踢踏,你听见了吗?
怒吼声声,你听见了吗?
靴子踢踏,你听见了吗?
"沙丁鱼头",闹罢工啦!

六周之后,每一个"沙丁鱼头"
都得到了尊重,工钱也顺利到手。

红色城市里,人人团结一致,
斗争胜利了,妇女扬眉吐气。

这回以后,再看杜瓦讷内,
一切都变样,昨日不会重现。

（副歌）

靴子踢踏，你听见了吗？
女工们的愤怒已经熄灭。
靴子踢踏，你听见了吗？
"沙丁鱼头"的胜利已经到来。

2005年，女歌手克洛德·米歇尔为纪念1924—1925年杜瓦讷内市沙丁鱼罐头厂女工罢工运动所作的颂歌。

第八章

性别、种族、斗争、殖民

性别视角下的殖民

殖民征服与统治，以及殖民地人民经验中的性别维度这一领域，相关研究还处于起步阶段。由于她们的女性身份，殖民地的妇女相对于当地的男性被边缘化；由于她们的族裔身份，殖民地的妇女待遇也比不上大都市的女性。诚然，由于各殖民地在殖民者到来之前的情况各不相同，女性在各地所属的社会阶级也不一样，女性在各个殖民地的地位并不完全一样。但无论在哪里，男女两性经历殖民的方式都有着重大的区别，他们回应殖民者统治的方式也很不一样。所有研究结果均表明，不论目的是不是掠夺资源，也不论殖民地所推行的政治体制和原先的社会情况，殖民都造成了整体性的女性生存条件恶化，罪名只有一个：她们是女人。

我们接下来要讨论的主要是法国殖民者，其他国家也不会好多少。首先要指出的是，军人也好，民政官员也罢，哪怕是传教士，每一个殖民者踏上亚非大陆时都带着种族主义偏见，除此之外也带去了性别刻板印象。二者相结合，导致殖民地妇女的法律地位从一开始就处于最底层。事实上，按照部分殖民地国家原先的社会体系，妇女本在经济、政治和文化方面扮演着重要角色。殖民者的到来剥夺了这一切，让女性的地位一落千丈。当地的男性对于这番变化，最终竟也表示欢迎……

> 从古至今，黑人男性和白人男性往往因为种族歧视而分裂，又因为共同的性别歧视而团结在一起。
>
> ——贝尔·胡克斯，美国女性学者、作家

就这样，殖民者依照性别秩序重新组织了殖民地的经济体系。需要熟练工的关键岗位以及有薪酬的工作，全被殖民者安排给了同为男性的殖民地男人。也就是说，亚非地区妇女在通过创业自给自足的自立之路上，迎面遭遇了男性优势和殖民者利益这一对拦路虎——要把她们赶回乡下种田。两者互相勾结，扼杀妇女想要逃离务农生活的愿望，阻止她们流向城市：殖民势力需要劳动力，而土著酋长则希望把妇女留在村子里，因为她们又能干活又能生孩子，还能对返乡的年轻男子施加压力，拽他们回乡交付彩礼。两边一拍即合，成交！殖民时期的劳动法允许男性自由迁移，却将女性留在原地……

至于殖民地妇女的形象，更是惨不忍睹。在欧洲男性看来，少数族裔女性本就是殷勤的佳人，殖民地女性更是如此，而殖民帝国就是性冒险的"伊甸园"。殖民主义的幻想从最初就建立在对欧洲以外地区

非白人女性"轻松上手"的色情想象之上。到头来，女人和领地的本质没有区别，都需要被征服：法属阿尔及利亚被称为"危险的情妇"，法属老挝则"如一个浪荡的情人一样沉醉"。

> 女人不是地母，也不是等待被征服的领地。
> ——巴黎标语，2020 年 5 月 7 日

大量的小说、照片、图画以及明信片，不懈地编织着陈词滥调的"异域风情"，也让这一种族主义和殖民主义色彩浓厚的刻板印象不断固化。别忘了，1946 年的《玛尔特-里夏尔法案》取缔了法国本土的妓院，却不适用于海外殖民地。这也是为什么 1949 年联合国就拟定的《禁止贩卖人口及取缔意图营利使人卖淫之公约》，法国直到 1960 年才加入（详见第三章）。在广大的殖民地，妓院继续苟延残喘……

此类刻板印象在当今社会仍然存在。2017 年，爱德华·德吕克导演的电影《高更：爱在他乡》上映，引发丑闻。在这部讲述画家高更 1891 年初访波利尼西亚的电影中，导演有意隐去了高更在塔希提的妻子只有 13 岁的事实，对高更其他的恋童关系更是讳莫如深。光看这部电影，观众根本不会意识到画家的行为举止是彻头彻尾的殖民者做派，就连他的性幻想都非常具有殖民主义色彩。2018 年出版的《性别、种族与殖民地》面临着类似的争议。五位合著者——帕斯卡尔·布朗夏尔、尼古拉·邦塞尔、吉勒·伯奇、克里斯泰勒·塔罗和多米尼克·托马——在书中分析了少数族裔和殖民地女性所遭受的性暴力，谴责殖

民者的色情凝视，以及他们对数百名殖民地妇女的"性客体化"和侮辱性展示，但这本书揭露罪恶的方式无异于与殖民者共谋：在圣诞树下收到一本装帧精美的书，打开却看到自己外婆的裸照，这谁乐意呀？

另一种刻板印象则将殖民地妇女描述为传统的守护者，始作俑者依然是殖民者（常常是医生、官员、士兵，乃至人种学家）。在这样的叙事中，妇女们要守护的传统正是殖民者要嘲弄和"教化"的。于是乎，殖民化摇身一变，转而去驯化妇女，将其视为教化的对象，仿佛她们比男性更"不文明"，不论是维持清洁、照顾孩子，还是操持家务，都需要有人教着从头学起。

此外，女性地位低常常被拿来当作谴责殖民地社会落后的论据。印度的寡妇火葬、童婚、包办婚姻以及叔接嫂制（指寡妇与死者兄弟的强制婚姻）就这样成了"小辫子"，被英国人揪住痛批——这些习俗的确存在，但不是存在于每一个阶级、每一个地方。法国人则抓住了一夫多妻制作为重点攻击对象。结果，女性解放成了一种手段，成了殖民的借口，但千万不要被蒙蔽：殖民者最终的目的还是标榜自己的道德优越性。抓着《法国民法典》不放手，拒绝承认妇女选举权的法国男人，谴责亚非国家妇女地位低下时脸都不红一下。你可能以为，他们这样强调妇女解放的意义，一定会积极为女童开办学校吧？并没有。在为数不多的殖民者有意推广教育的地区，男性的受教育程度远远高于女性。在越南，30%的男孩上过学，而女孩只有3%。而等到法国本土的妇女终于获得选举权时，殖民地的女性却被排除在这项权利之外，理由之一：她们不识字。

最后，必须说明的一点是，绝大多数法国女权主义者几乎从来没有质疑过殖民化的合法性，甚至接受了殖民主义叙事中的"文明"话语。于贝蒂娜·奥克莱尔在法属阿尔及利亚待了4年，回国后强烈谴责当地的种族主义和性别歧视，但她呼吁要同化那里的妇女，本质依旧是"另一种形式"的殖民。用该领域专家帕斯卡莱·巴泰勒米的话来说，奥克莱尔"作为白人女性"，就此"承担起解放她的法属阿尔及利亚姐妹的'重负'"。然而整个20世纪30年代，情况并没有多少改观。1931年殖民博览会上举办的女权主义大会，唯一的目的只是展现殖民地妇女"辉煌而丰富"的工作成果。直到第二次世界大战之后，各地反殖民的斗争逐步开启，才出现了西蒙娜·德·波伏瓦、吉塞勒·哈利米和安德烈·米歇尔等少数几位敢于发出不和谐音的女权主义者。殖民地妇女的女权主义是在远离法国本土女权主义的情况下建立起来的，总的来说，后者对于她们的要求充耳不闻，视而不见。

揭下这层
我们看不见的"哈伊克"

1958年5月18日，阿尔及尔大会广场。人潮涌动，法属阿尔及利亚女人挨着欧洲女人，周围一圈摄影师。接下来，在场的女人纷纷揭掉了自己的传统头巾，法属阿尔及利亚妇女（殖民主义话语中的"穆斯林女性"）和欧洲妇女无一例外。萨兰和马叙（分别是陆军将领和伞兵将领的妻子）也在现场见证了这一时刻。有人上前点燃了头巾，火光中，女人们高呼："法属阿尔及利亚万岁！"几天之后，各大媒体都刊载了现场的照片，配文中不约而同地提到"法属阿尔及利亚妇女的解放"，强调"对法属阿尔及利亚的支持"。

稍等片刻，让我们深挖一下……实际上，这是位于阿尔及尔的陆军第五办事处精心编排的一出大戏。这个陆军第五办事处又称"心理战办事处"，换言之，就是陆军的宣传部。军事档案中留存的电报表明，仪式当天广场上的绝大多数法属阿尔及利亚妇女来自阿尔及尔周边的棚户区，生活贫苦，是被陆军威逼利诱招来配合演戏的。1958年5月，法属阿尔及利亚民族解放战争已僵持至第四年。1957年，阿尔及尔战

第八章　性别、种族、斗争、殖民

役中法军对战俘实施酷刑的场景还历历在目。5月13日，阿尔及尔的部分法国殖民者联合军方起义，要求拥立当时在野的戴高乐出任共和国总理。事实上，戴高乐早已计划好要在15日复出，但13日的小团体叛乱显得过于赤裸，如果不能一举为法兰西第四共和国画上句号，这种武力政变就有被告上军事法庭的风险。戴高乐需要一些民意方面的表示，好为自己提供合法性——于是第五办事处出场，对战双方把手言欢、团结共进的戏码轮番上演，而大会广场妇女们揭掉头巾的一幕就是其中的重头戏。档案中一封5月20日的电报显示，该办事处还要求阿尔及尔、奥兰、君士坦丁三地的军团原样照搬，各自再搞一次"揭巾"仪式（档案编号：SHAT 1H 2461/1）。

> 种族主义连遮羞布都没有。
> ——巴黎标语，2019年11月10日

继续往下深挖，关于这场"揭巾"仪式还有很多可以说的。揭下"哈伊克"——法属阿尔及利亚女性佩戴的传统头巾——是殖民主义长久以来的执念，其中混杂了色情幻想、掌控女性身体的欲念以及殖民统治的想象。小小一块头巾，扰乱的是西方正统的视觉秩序。特别是战争之后，佩戴"哈伊克"的宗教意义并不浓厚，更多在于守护传统。殖民时期，这一行为象征的含义进一步加强，有了许多新的用途。在战后尤为明显。对于许多妇女来说，佩戴头巾是她们确认身份、拒绝强制同化的手段。战争期间，头巾更是成了"菲达耶特"得心应手的工

去他的父权制

具：想要潜入欧洲城市而不引起法国当局的怀疑，就摘下头巾；想要混进卡斯巴，就再把头巾戴上；更不用说利用头巾夹带武器和炸弹。"在法属阿尔及利亚的殖民进程中，头巾具有的无限可能性非常具体。"弗朗兹·法农曾这样写道，"新攻势遇上了旧防守。法属阿尔及利亚妇女已经很久不用头巾，这回却自发地重新戴上了'哈伊克'，而且并没有谁命令她们。这足以说明，法属阿尔及利亚妇女的解放，并不是法国和戴高乐将军邀请来的。"（弗朗兹·法农，"法属阿尔及利亚揭下了头巾"，《法属阿尔及利亚革命第五年》，法国马斯佩罗出版社，1959年）

第八章 性别、种族、斗争、殖民

反对殖民，支持女权

在殖民地国家的独立运动以及去殖民进程中，妇女发挥了重要作用，经常领导着反对殖民化，以及抗击殖民与本土双重父权制的斗争。她们的组织通常也是非混合的，不接受男性成员。英国的殖民地率先出现了这样的妇女反抗组织，其中英属印度尤为典型。英属印度妇女协会创办于1917年，与国大党关系密切，其特别之处在于不偏重英属印度妇女和英国妇女中的任何一方，兼顾双方的女权诉求。妇女选举权是她们争取的重点（英属印度在"一战"后承认了妇女选举的权利，但审查标准极严）。另一个典型是法属突尼斯，自20世纪30年代起，该国出现了大量的女权主义运动，法属突尼斯妇女与当地的欧洲妇女团结在一起，为了共同的妇女权利（其中占首要地位的依然是选举权）发声。法属突尼斯穆斯林妇女联盟也是当地的重要妇女组织之一，它的民族主义色彩更加明显，与支持独立的新宪政党关系密切。

第二次世界大战结束后，随着殖民地独立的呼声越来越高，妇女组织也开始发挥越来越重要的作用。从参与示威、组织罢工起步，她们策划起义，传递信息，藏匿士兵，从事间谍活动等，甚至拿起武器。妇女民族主义协会往往无法完全脱离其背后男性占主导地位的政党，但她们有自己的一套叙事话语，在谴责殖民主义的统治之外，也会谴责男性的压迫。

> 我过去的观点非常具有革命性，我之前比男人还男人。我之前认为社会的发展足够改变女性的处境。
>
> ——吉塞勒·拉贝萨哈拉（1929—2011），马达加斯加政治家

在法属阿尔及利亚两大民族主义政党法属阿尔及利亚共产党和争取民主自由胜利党中，女性成员屈指可数，但相当引人注目。后者的早期成员，助产士马米亚·申图夫后来创立了法属阿尔及利亚穆斯林妇女协会；这个协会不接受欧洲女性加入。创立于1943年，与法属阿尔及利亚共产党关系密切的法属阿尔及利亚妇女联盟则接纳欧洲女性加入。在法属摩洛哥，玛莉卡·埃尔·法西在20世纪30年代因为抗议大学不接受女学生而出名，她也是1944年在法属摩洛哥独立宣言上签名的唯一一位女性。与此同时，妇女也常常会在民族主义政党内部碰壁，遭遇父权制传统的阻碍：在一部分人看来，妇女解放是洋人的玩意儿，与民族特性相违背。

事实上，无论在哪个国家，每一个以男性视角讲述的独立运动故事里都隐藏着不为人知的杰出女性和她们的积极贡献。法属马里有助

第八章 性别、种族、斗争、殖民

产士奥瓦·凯塔。法属几内亚有女教师让娜·马丁·西塞。法属上沃尔特（今布基纳法索）有塞莱斯蒂纳·韦津·库利巴利——她在1949年组织几千名妇女游行示威，要求释放被监禁的民族主义者。在法属马达加斯加，妇女同样大放异彩。与法属马达加斯加共产党关系密切的吉塞勒·拉贝萨哈拉是一名女律师，她为那些被指控参与1947年起义的人辩护，得名"马达加斯加的红处女"。另一位法属马达加斯加共产党员泽勒·罗索阿诺罗于1956年当选市议员，绰号Mitomban-dahy（"女汉子"）。这些女性支持去殖民化，同时捍卫女性解放，并且认为二者必须同时推进。1962年在坦桑尼亚城市达累斯萨拉姆成立的"全非妇女会议"（今名"泛非妇女组织"），后成为非洲妇女构建自身的重要框架。非洲各国摆脱殖民统治后，在秘书长让娜·马丁·西塞的领导下，"全非妇女会议"成为非洲妇女建设女权主义的重要组织，致力于批判西方女权主义的民族中心主义倾向，呼吁女权主义内部去殖民化。

此外，也不能忘记成千上万在游击战和武装战役中发挥了关键作用的无名女性，即便分给她们的依旧是那些老任务：供应物资，照料伤员，传递情报，宣传教育……法国军人对待妇女态度的演变，间接反映出他们对其重要性的认知。观察各部队的行军日志可以清楚地发现，在法属阿尔及利亚冲突的最初几年，妇女伤亡只发生在误伤的情况下。从1959—1960年起，杀害妇女成了无可辩驳的战争行动。

还有一些妇女加入了抗击殖民者的战斗。在法属阿尔及利亚政党民族解放阵线内部，负责恐怖袭击的女兵被称作"菲达耶特"。贾米拉·布希雷德就是一名著名的菲达耶特。她隶属于民族解放阵线的"炸弹网络"，曾亲历阿尔及尔战役。1957年4月，她受伤被俘，遭到酷刑折磨，并于1957年7月15日被判处死刑。听到自己的判决时，她高声大笑，把负责宣读判决书的法官气到说不出话，急道："严肃一点，小姐！"贾米拉·布希雷德以这种方式表达了她对殖民司法系统的蔑视。她最终于1962年被赦免。由她招募的另一名女兵，贾米拉·布帕夏，同样被逮捕，遭受酷刑，还在狱中被强奸，遭受无耻的性暴力。为她辩护的是女律师吉塞勒·哈利米（我们还会在后面争取堕胎权和强奸定罪的章节看到她）。哈利米与西蒙娜·德·波伏瓦联手，将辩护词写成了一本书，并找来热尔梅娜·蒂利翁（曾因参加抵抗运动被关进集中营的民族学家，法属阿尔及利亚问题专家），共同成立了一个支持委员会。和布希雷德一样，布帕夏被判处死刑并在战争结束后获得赦免。然而，大赦也导致诉讼失效，那些侵害布帕夏的罪犯永远不会受到审判。

> 在某种程度上，我所捍卫的一切事业在贾米拉·布帕夏身上都有所体现：女性身体完整不容侵犯、女性地位、女性独立、女性自主、女性的政治介入以及反殖民主义的斗争。
>
> ——吉塞勒·哈利米，法国律师

布希雷德和布帕夏的经历清楚地展示出民族解放阵线女兵所遭受的性别压迫，其中最典型的就是战争期间大规模的强奸。正如拉斐

尔·布朗什所写的:"这个被推搡、被殴打、被强奸的女人是一条通道,借由她,军人们抵达她的家庭、她的村庄,一步步向外,最终抵达她的民族,抵达法属阿尔及利亚人民。"借用格尔达·勒纳在《父权制的形成》一书中打的比方,战争中的强奸,是一种"对男人的象征性阉割"。这也解释了为何法军和民族解放阵线都对此类强奸犯罪视而不见,让犯罪者始终逍遥法外。

"孤独"，
一个不愿下跪的女人

在法国海外省瓜德罗普的莱萨比姆十字架环岛中心，骄傲地矗立着一个女人的雕像，她该是快生了，挺着圆滚滚的肚子，双手叉腰，目光坚定。这个女人名叫"孤独"，是一个所谓的"黑白混血儿"。

"孤独"于1772年左右出生在瓜德罗普岛。她的母亲巴扬古梅在被押送到西印度群岛途中被一名白人水手强奸，生下了她，给她取名叫罗莎莉。小女孩一生下来就成了奴隶，被分去给一个奴隶主当家奴。在出生后20多年的时间里，她没有人身自由，经常挨打受骂，忍受着非人的压迫和性暴力。1793年，出现了一丝转机，法兰西第一共和国特派专员来到瓜德罗普，废除了当地的奴隶制，次年2月4日的一项法令又确认了奴隶制的结束。可是由于不存在任何援助或补偿政策，解放了的奴隶依然处境艰难。更糟糕的是，被废除的奴隶制改头换面，以强制劳动的形式卷土重来。在这样的背景下，罗莎莉加入了"栗子帮"（在废奴之前就逃出种植园的奴隶被称为"栗子"），在当地称作"莫尔纳"的丘陵生活了一段时间。好景不长，1802年，拿破仑·波拿巴重新建立了奴隶制。在马提尼克废奴主义者路易·德尔格雷斯的号召下，从前的奴隶们联合起来揭竿而起，"向整个宇宙发出纯真和绝望的最后一呼"（1802年5月10日）。罗莎莉就此改名"孤独"，抄起家伙加入了造反的行列——她当时已经怀孕好几个月了。战斗异常惨烈，血流成河，"孤独"被敌军俘虏，成了少数幸存者之一。由于怀着孕，她没有被立即处决。1802年11月28日，她生下了一个男婴，这孩子和他的母亲一样，生下来就成了奴隶。第二天，"孤独"被处以绞刑。据说当时围观者众，一片寂静。

"孤独"的一生，是奴隶制戕害女性的一个血淋淋的例子。有观点认为，奴隶制下的男女承担一样的劳作，经受同样的暴力，以一种极端的方式实现了两性平等。然而最近的研究显示，事实并非如此。奴隶制的历史也是一个性别化的故事。

"孤独"的母亲是当时盛行的"交尾"的众多受害者之一。所谓"交尾"，指的是贩奴船船长在抵达目的地之前把女奴送给醉酒的水手，以此牟利。作为一个混血儿，尽管"孤独"的父亲并不是奴隶，她还是逃脱不了被奴役的命运——这是因为《黑人法典》如此规定，在此之前，"孤独"这样的小孩并不是生下来就算奴隶的。长大后，"孤独"和当时的许多妇女一样加入了一个"栗子帮"，这类团体的领导者通常也是男性。事实上，绝大多数女性奴隶会被分在家里工作，相比被派去种田的男性奴隶，她们更难逃跑。不过我们依然可以举出几个由妇女领导的"栗子帮"。英属牙买加就有一个,首领叫南妮,传说能空手夺子弹。在1802年前后各地反对拿破仑重建奴隶制的大小起义中,妇女扮演了相当活跃的角色,她们当时有"不愿下跪的女人""勇敢的女人"之称,"孤独"是其中最著名的一位。除了她以外,还有法国海外省留尼汪的埃瓦,法属圭亚那的克莱尔,法属圣多明各(今海地)的萨尼特·贝莱尔、德菲蕾和"快乐的"玛丽-克莱尔。在历史的叙述中,她们常常被男同胞遮蔽,但人们正在一点点回忆起她们的贡献。

最后,"孤独"的人生也象征着"被奴役的生育"。对种植园主来说,与从奴隶贩子那里重金购买成人奴隶相比,显然是自己养小孩当奴隶更划算,因此女奴成了他们强迫生育的对象。若是试图堕胎,还会遭受更为残酷的惩罚。

因此,"孤独"雕像那骄傲的大肚子,也是一种提醒:在男性压迫、种族主义偏见以及殖民统治进程中,女人的子宫始终处于核心地位,短期内也不会有改观。君不见,"孤独"牺牲170多年之后的20世纪70年代,强制堕胎让"女人的肚子"(弗朗索瓦丝·韦尔热斯)再次成为殖民主义关注的核心(详见第九章)。

第八章 性别、种族、斗争、殖民

贾米拉·布希雷德

贾米拉，我的朋友贾米拉，
我向你致意，不论你人在何方，
哪怕是在监狱，哪怕身受酷刑，不论你人在何方。
我向你致意，噢，贾米拉，
让身在农场的我，为你唱支歌吧。

在我的房子后面，杏树正在开花，
月亮泛着青色，海岸上沙浪哗啦啦。
大海在向你致敬，贾米拉啊！

你如此美丽，阿尔及利亚的玫瑰，
你的故事，孩子们总也听不厌，
太阳的脸，都映照着你的勇敢。

阿尔及利亚，成排橄榄树之间，
一片寂静中，造反者揭竿而起。
梦想正义，梦想和平与橄榄，
还有怀旧的心绪
牵念着生之甜蜜，
还有一个小角落，留给儿童和阳光。

阿尔及利亚，这里大地不再平静，
新的一天何时到来，征兆何处寻？

贾米拉，我的朋友贾米拉，
你小小的身体，搅动起一股飓风，
你小小的身体，难掩英雄的气概。

每一个遥远的城市，
每一个友好的村庄，
都听见街上的人潮隆隆作响，
都看见田里的斧头闪闪发光，
旗帜迎风烈烈飘扬！

向你致敬！向自由致敬！
向所有正在奋斗的人致敬！
向每一个渴望生命与和平的人致敬！
旗帜在飘扬。
旗帜在飘扬。

词曲作者拉赫巴尼兄弟，演唱者费鲁兹，法语版歌词译者为 M.C. 贝拉米勒。

第八章 性别、种族、斗争、殖民

第九章

想生的时候才生

要怎么样你先想好，我管好我的卵巢

从 19 世纪至今，针对女人子宫的指示一直反反复复。今天的说法是孩子越多越好，明天就变成要限制生育，没过多久，又开始鼓励生孩子。如果当妈妈的是另一种肤色，属于另一种社会阶级，那么指令还会继续变化。为了在生孩子这件事上能自己做主，妇女们进行了艰苦的奋斗。

19 世纪，国家禁止卵巢过度工作。当时法国的精英都是马尔萨斯主义者，他们认为一个富强的国家需要控制生育率，以避免打破人口与资源的平衡。而最重要的资源，就是粮食。

不巧的是，工人阶级非常喜欢生孩子。对于当时的工人来说，这是非常自然的选择。工钱只能勉强维持生计，社会保障政策完全缺位，而童工并不违法——在这种情况下，每多一个劳动力，就多一份收入，制造一个大家庭，其实就是另一种形式的失业保险和养老保险。另一方面，资产阶级控制子孙的数量是为了避免财产被进一步分割，而赤贫阶级则完全不存在这种顾虑……然而，要反思平民阶层（工人和农民皆然）高生育率的根源，要在政策上寻找解决这一困境的手段，都实在太过麻烦。最轻松的做法，莫过于把责任一股脑推回到工人阶级身上，而女工人就成了最佳替罪羊。哭什么穷，谁让你们生那么多的？不生不就没这么多事了吗？——此类观点相当典型，不去思考贫困的原因，也不去积极寻找补救措施，而是直接把问题归咎于生育率。到了20世纪，发展中国家，特别是发展中国家的妇女，依然时常要面对这样的论调。

像这样的一大家子，如果能维持温饱倒还好，倘若生活困难，家里的母亲就要被人指指点点。当时，要想拿到（聊胜于无的）社会补助金，需要在市政府登记，确认"贫困户"资格，可如果家里有三个以上的小孩，通常就会被从名单中剔除。还有一些地方会给主动控制小孩数量的平民家庭颁发"节制家庭"奖章，以此鼓励控制生育。

国家信奉马尔萨斯主义的好处之一，是司法系统对民间的堕胎现象睁一只眼闭一只眼，尽管依照《法国刑法典》，这属于犯罪行为。这段时间几乎没有出现相关审判，极少数几个被告最后都被无罪释放了。

到头来，工人阶级家庭主动减少了生育，因为养孩子越来越花钱：童工在19世纪被逐步取缔，1881—1882年的《费里法案》确立了义务教育，工资水平也相对有了提升。与此同时，工人阶级还形成了一种被称为"新马尔萨斯主义"（区别于精英们的"马尔萨斯主义"）的理念，以有利于社会发展、世界和平和保障女性权益的名义，提倡通过避孕和堕胎来限制生育。不生孩子，不生产"炮灰"，不制造人力资源：玛丽·于奥如此呼吁"子宫大罢工"。不过女权主义者中自称新马尔萨斯主义者的不多，只有马德莱娜·佩尔蒂埃这样的激进派支持女性掌控自己的身体，希望女人能从"母职的重负"中解放出来。

> 妇女们终于意识到自己的独立人格，不愿再只做一个生育者。
> ——马德莱娜·佩尔蒂埃，法国精神病学家

女人们没能清静多久，大灾变就来了，子宫重新成为被关注的对象。新的关键词是"可劲儿生"。你没听错，因为归根结底，不管是军队还是工厂，都需要人手才能运转——19世纪初那些奉行马尔萨斯主义的精英，到19世纪末纷纷转型成了人口主义者。不过他们只要求工人多生，自己却不做表率（毕竟家族财产可不是闹着玩的，继承人的数量一定得限制）。于是我们看到，自己只有一个儿子的父亲们义愤填膺，为法国人口的"下降"（事实上最多只是增长率下滑，总人口仍在上升）扼腕叹息，最后得出结论：问题关键在于工人阶级的女人不愿意生孩子！要制定政策禁止避孕、堕胎，严打新马尔萨斯主义宣传！

只要政府层面不说什么，这都不足为惧。然而随着第一次世界大战的爆发，事态发生了根本性转变。战争造成的严重人口流失，催生了法国人对人口衰减和老龄化的焦虑。法国就此全面转向鼓励生育，惩罚手段和鼓励政策并施。一方面，严禁节育，从1920年起新马尔萨

斯主义宣传被禁止,从1924年起堕胎会被告上法庭。由于担心梅毒传播,安全套依然被允许销售,但一切杀精剂都被严令禁止,20世纪50年代新开发的避孕药也未能获准出售。这方面最主要的影响,是造成了无数忧心忡忡的绝望孕妇,她们求助无门,只能偷偷摸摸地去做人流,十分凶险。当因为大出血被送到医院时,她们还要忍受医生的白眼和粗暴对待——这还是没有被举报的情况。另一方面,作为对上述严打措施的补偿,从1939年起,社会补助由《法国家庭法》确立下来,从1945年开始,纳税计算方法更新,家庭人数被考虑在内,产假和生育补助也得到保障,母亲节制作通心粉项链[1]这个法兰西第三共和国时期出现的习俗,维希政权时期成为官方活动,在法兰西第四共和国时期延续下来。

维希政权时期,对堕胎的"围猎"达到了顶峰。当时堕胎被定为危害国家和国家安全罪,可判处死刑。到了法兰西第四共和国时期,虽然不再被处以极刑,但严打堕胎的政策方向并没有改变。当英国、荷兰等几个邻国接连实现堕胎合法化,德国从1961年开始允许药店出售避孕药,法国的态度一如既往:不行,不行,还是不行……

不过这只是法国本土的情况,殖民地——对不起,说漏嘴了,应

---

[1] 通心粉项链:在法国,制作通心粉项链(用一条线把通心粉串起来制成项链,有时还会涂上颜料),在母亲节时送给妈妈,是小朋友表达心意的一种方式。这个传统习俗正在慢慢消失。

第九章 想生的时候才生

该是海外省——又有另一套说辞。弗朗索瓦丝·韦尔热斯的研究表明，在留尼汪和安的列斯群岛，官方口径是鼓励黑人妇女不要有太多小孩——回归马尔萨斯主义论调，把责任都推给生孩子的女人，让她们对"次法国"地区的贫困负责。然而殖民地的马尔萨斯主义不限于官方宣传，20世纪60年代末，医生在指示下开始实施强制堕胎和节育（不管本人是否有要求）。一方面在法国本土禁止妇女堕胎，另一方面又在海外省实行强制堕胎，国家父权制的态度截然相反，对女性身体的控制却始终如一。

于是，为了能拥有处置自己身体的自由，妇女开始了她们的斗争。

我的身体，我的权利，我的选择

从20世纪60年代起，为了能自主掌控自己的身体，妇女踏上了争取避孕权和堕胎权的崎岖之路。不同于新马尔萨斯主义者，这一轮斗争不再着眼于限制出生率，而是着眼于选择的自由，以及能自主掌控生育和性行为。对女人而言，受孕的风险意味着一种无法驱散的恐惧，她们希望结束这种焦虑，掌握有效的避孕措施，即使避孕失败，也可以安全地堕胎。如此，才能拥有愉快的、没有压力的性生活，才有可能自由选择是否要成为母亲，要生多少小孩。决定权在自己手上。

1956年，"幸福母亲"运动（1960年改名为"争取计划生育"运动）发起，目标直接而实际——使避孕合法化并加以普及。1961年，第一家计划生育中心在格勒诺布尔建立，提供文件查询和信息咨询服务，换言之，可以在这里找到当地能开出避孕药的医生名单。（对于有阻断排卵效果的激素的研究始于20世纪30年代，但直到1957年，由格雷戈里·平卡斯及其团队研发的第一种避孕药才在美国获准上市——作为止痛药，有影响生育的副作用。1961年，德意志联邦共和国紧随其后，成了欧洲第一个开放避孕药售卖的国家。）要求避孕自由的呼声越来越高，示威请愿的星星之火，最终导致了1967年12月的《诺伊维尔特法案》[1]。然而由于过程缓慢，这一系列重要的法令直到1973年才开始施行。

避孕合法化实现了，下一步就是取得堕胎权。两大阵营泾渭分明。支持堕胎的一方包括"妇女解放运动"组织、"选择"协会，以及稍后加入的计划生育中心、"争取解放堕胎和节育运动"组织。与之相对的反堕胎主义者们，则拒绝使用支持者们常用的"自愿终止妊娠"，比如热罗姆·勒热纳教授牵头的"让他们活下去"协会。

这场斗争从头至尾声势浩大。支持方率先发声。1971年4月，《新观察家》周刊登出著名的"343宣言"。343名妇女公开承认做过人工流产，其中包括不少文艺界鼎鼎大名的人士：凯瑟琳·德纳芙、德尔菲娜·塞里格、让娜·莫罗等人的名字赫然在列。这份宣言影响巨大。检察院选择对其视而不见，没有提出起诉。但不少人的工作受到影响，尤其是没那么有名的那些人。

1972年，斗争来到了博比尼审判的阶段。一个名叫玛丽-克莱尔的年轻女孩被强奸后去做了人流。结果强奸犯(她的男朋友)反咬一口，把她和帮助她实施堕胎的母亲一起告上了法庭。吉塞勒·哈利米全身心扑在这个案子上，以此为契机痛斥了1920年禁止避孕法的虚伪和残暴。最终，年轻女孩被无罪释放，其母被从轻发落。博比尼审判再一

---

1 《诺伊维尔特法案》：政治家吕西安·诺伊维尔特提出，1967年12月19日由国民议会通过，解除了对包括口服避孕药在内的节育方法的禁令。

去他的父权制

次体现出司法系统的迟缓。1973年，上文提到的"争取解放堕胎和节育运动"组织诞生。该组织包车带团去荷兰和英国旅行，旅游大巴每周在马路上"招摇过市"："这不是出国旅游的车，是出国做人流的车。"

※※※

另一项至关重要的改变也始于1972年（"争取解放堕胎和节育运动"组织接下来会发挥主导作用）——"卡曼法"[1]开始应用。这一点如今很少有人提及，但十分关键。简单来说，"卡曼法"是一种通过抽吸实现人工流产的技术，相比传统的刮宫术，它创伤更小，给孕妇造成的痛苦更少，危险系数也更低。这项技术普及后，有效减少了刮宫流产导致的并发症并降低了死亡率。更重要的是，通过卡曼法堕胎，心态会完全不同。这种堕胎通常在公寓里进行，女人们聚在一起互诉衷肠，互相安慰，然后由训练有素的医务人员（通常是护士或助产士）来辅助完成流产。这使得妇女可以跳过私人医生（大多是男性），在姐妹之间实现"自助"堕胎，从而重新掌控自己的身体。换言之，这以超越人工流产本身的方式进一步解放了妇女。

也正因为如此，反堕胎主义者们大为震撼——妇女们不仅绕过了禁令，还把选择权握在了自己手里！时任卫生部部长米歇尔·波尼亚

---

[1] "卡曼法"：一种不需要麻醉、操作简单、成本低廉的人工流产技术，利用真空将子宫内容物吸出，可在怀孕第5周到第8周之间进行。自20世纪60年代起，世界各地都有医生尝试应用该技术，其中美国心理学家哈维·卡曼是堕胎自由的著名支持者，他对该技术进行了重大改良。

第九章　想生的时候才生

托夫斯基严正警告自己的继任者西蒙娜·韦依[1]要赶快行动:"再等下去,不知哪天你走进部里,就会发现办公室潜进了一队"争取解放堕胎和节育运动"组织的人,正摩拳擦掌准备做人流。"真的吗? 我们拭目以待!

民众群情激昂,高层却毫无反应,如同不看、不听、不说的"三不猴"。在乔治·让·蓬皮杜任职总统期间,没有一项支持堕胎的提案能走到国民议会。唯一的例外是一项提议在强奸和乱伦情况下堕胎的特殊法案,结果议会连审都没有审。不过在蓬皮杜之后,权柄到了左翼手中。接下来的瓦莱里·吉斯卡尔·德斯坦在竞选期间一直小心翼翼地不对堕胎问题表态,当选后很快任命西蒙娜·韦依为卫生部部长。于是1974年秋天,新任卫生部部长韦依提出了第一部放宽和规范自愿终止妊娠医疗手段的法案。

> 我国每年有30万例堕胎,这是对妇女的残害,对法律的践踏。对于广大本该获得法律保护的国民而言,这是极大的羞辱和创伤。我们不能再对此视而不见。[2]

——西蒙娜·韦依(1927—2017),法国政治家

在众议院的会场,辩论持续了整整两天。没人遵守投票纪律和发言时间限制,场面一度失控,状况百出。除了少数几位发言人仍然庄

---

1 一般译为"西蒙娜·薇依",但姓氏翻译建议使用无性别色彩的汉字。
2 这是韦依1974年11月26日在国民议会讲坛上的发言。

严持重之外，不少议员口出恶言，言辞不忍卒听。波旁宫外也是热闹非凡，挤满了前来示威的女权主义者，而反对派则集聚协和广场，拨着念珠默诵《玫瑰经》。最终，议员们在凌晨3点40分表决，投票结果：284票支持，189票反对，多数通过，胜利了！从今往后，法国女人可以自由终止妊娠了！

且慢，还没到能放开庆祝的时候。为了能顺利通过，这部法案提前设置了诸多"黄线"：第一，该法案不是永久性的，有效期五年；第二，怀孕十周以内可以合法实施堕胎，十周以上为非法；第三，如果孕妇是未成年人，需要获得父母许可；第四，想要堕胎的孕妇会被约谈，会被劝说打消其想法；第五，依据"良心条款"，医生如果认为有违个人的职业道德信念，可以选择拒绝；第六，一切费用不可以走社保；最重要的一条，一切都要在医生的监管下进行——不准再搞女性"自助"。不过，好吧，都已经到这个地步了……

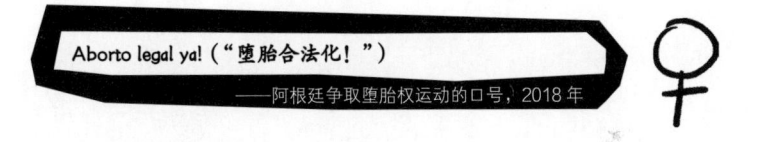

> Aborto legal ya!（"堕胎合法化！"）
> ——阿根廷争取堕胎权运动的口号，2018年

斗争仍在继续。五年有效期之后，也就是1979年，上述法案最终表决通过。1982年的《鲁迪法案》，让流产费用进入社保（准确来说，是通过另一项预算修正案实现的）。1992年的《奈尔茨法案》使阻碍堕胎成为犯罪行为，反人工流产组织遭到处罚。2000年，《奥布里-吉古法案》将人工流产的窗口期延长至12周，同时解除了未成年人堕胎

第九章 想生的时候才生

必须获得父母许可的限制，堕胎前的约谈也不再强制。2014年,《瓦洛－贝勒卡塞姆法案》最终实现了流产费用社保报销，删除了原法案中有关危急情况的限制，并创建了一个信息公开官网。

革命尚未成功，面向医院的政策时刻有牺牲流产预算的风险，计划生育中心的补贴也时时面临削减，在世界的其他地方，我们的姐妹依然在为争取堕胎权而奋力斗争。

我不愿在痛苦中分娩

1954年,"无人哭叫的产房"成了法国各大报刊的热门话题。被谈论的产房位于矢车菊综合医院。这家医院创办于1937年,是法国总工会在声势浩大的"人民阵线"运动中的成果之一,旨在让工人家庭享受最先进的医疗服务。从1953年起,该医院的主任费尔南德·拉马兹开始向法国推广一种由他改良过的无痛分娩技术。两年前在苏联,拉马兹本人第一次知道了无痛分娩。这种技术受到催眠理论和巴甫洛夫学说的启发,以产妇对自己身体和分娩过程的了解为基础,运用放松和呼吸的方法,可以有效地减少产妇的痛苦。拉马兹大为震动,很快雄心勃勃地开始普及无痛分娩技术。

这场革命可了不得。除了帮助产妇减少疼痛这一最基础的优点之外,无痛分娩还使剖宫产比例下降,并有效地减少了生产所需的时间,从而降低了孕妇发生静脉血栓的风险。最重要的是,对女性而言,分娩不再意味着一场无法逃脱的酷刑,她可以充分地参与其中。在无痛分娩体系中,产妇不仅不再被医生视作没有行为能力的未成年人,而且可以获得有关分娩的医学知识——这在之前是不会告知她们的。更重要的是，拉马兹认为父亲也应当参与分娩的准备，学习相关的课程，最后在产房帮助妻子生产。这种方法后来被证明能有效地促进夫妻平等。

无痛分娩掀起的革命背后，是一场大规模的集体运动。它是不是严格意义上的女权主义运动暂且不论，但组织者和参与者都是妇女，她们怀着简单的心愿：分享她们对于无痛分娩技术的热情，大声说出妇女有权拒绝分娩之苦。只要能掌控自己的身体，每个女性都有权采取行动避免这种痛苦。

1953年，法国共产党提交了一项法案，倡议将分娩准备教育纳入社保报销体系，结果一石激起千层浪。法国医师协会和右翼保守派立即表示抵制——他们才不在意产妇的痛苦，只是要打击一切与苏联和共产党相关的东西。不仅如此，他们还认为只有疼痛能让女人真正"实现自我"……多名医学专家在著作中表示，疼痛让女性"更有价值"，为她们带来了一种"道德美感"——在专业领域他们却守口如瓶。专注技术改良的拉马兹，反倒因所谓的"招摇撞骗"被告上法庭（好在最后他成功脱身）。最终，国民议会否决了这项提案。

令所有人始料未及的是，一位前所未有的宝贵救兵出现。1956年1月8日，罗马教皇庇护十二世在700余名妇科医生前明言道，无痛分娩"不存在道德问题"，给紧抱着《圣经》不放的保守派们来了个釜底抽薪。教皇说,《圣经》中所说的"你生产儿女必多受苦楚"不是命令,而是对事实的描述。真是个重磅炸弹! 1956 年,共计 9 课时的分娩准备教育最终被宣布可由社保报销(1956 年法案表决通过,1959 年正式实施)。

无痛分娩的巧妙策略自然引向了对节育自由的追求。1956 年发起"幸福母亲"运动的几位医生,玛丽 – 安德烈·拉格鲁阿·魏尔 – 阿莱、皮埃尔·西蒙、让·达尔萨斯,一开始就是拉马兹的忠实支持者,这并非巧合。

1971年4月5日,
《新观察家》周刊第334期发表《343宣言》

在法国,每年有100万妇女堕胎。

她们是在相当危险的条件下实施堕胎的,因为法律断绝了她们光明正大的可能。而在正规的医疗监护下,人工流产本是最简单的手术。

人们对这数百万妇女保持沉默。

我宣布,我是她们中的一员。

我宣布,我做过人工流产。

正如我们曾经要求节育自由,今日,我们要求堕胎自由。

堕胎

一个简简单单的词,却表达了女权主义的诉求,圈定了女权主义的边界。做一名女权主义者,就是要为堕胎自由而斗争。

堕胎

这女人家的事情,和刷碗、洗尿布一样,上不得台面。"为堕胎自由而斗争",开什么玩笑? 这种鸡毛蒜皮的小事也要斗争? 女人总是这样,所经过之处,留下剩饭和屎尿的腌臜气味。

"堕胎"二字激起的复杂情绪,准确地体现了妇女的生存困境:我们甚至很难说服自己,堕胎是一种值得为之奋斗的权利。

一个人有权处置自己的身体，但女人不行。这听上去天经地义。可别忘了，我们的子宫确实是属于我们自己的啊！

堕胎自由，远不是妇女斗争的最终目标。恰恰相反，这是最基本的要求。如果不能实现堕胎自由，政治斗争就无从谈起：妇女必将收回对自己身体的掌控，必将重新整合自己的身体。身处现代社会却无权对自己的身体做主，除了过去的奴隶，历史上还有哪一个群体经历过这样的事情？

这悲惨的境况仍在持续。每年有 150 万妇女因意外怀孕生活在羞耻和绝望中，5 000 人会因此死亡。但道德秩序依旧纹丝不动。我们不愿再沉默下去了。

堕胎自由，意味着以下几点：

1. 不再以自己的身体为耻，而是自由且自豪地享受它，就像古往今来每一个充分享受自己身体的人一样；

2. 不再以生而为女人为耻，不再像那些不得不选择非法人流的妇女一样，经历自我破碎的痛楚；

3. 无论何时，勇敢做自己，不再有这种无耻的恐慌，害怕被抓住，害怕落入困境，害怕怀孕，害怕自己变得虚弱无力，害怕肚子里长出一个肿瘤；

4. 这是一场激动人心的战斗。只有赢下来，我才开始真正属于自己，而不再属于国家，不再属于家庭，不再属于一个我不想要的孩子；

5. 向彻底掌控生育迈出重要的一步。妇女和其他所有生产者一样，享有控制自己产出的绝对权利。这种控制意味着彻底重塑妇女的心理机制，同时将深刻地影响社会结构。

（1）可以生，但我想生的时候才生。没有任何道德压力、社会机制或经济需要可以迫使我这样做。这是我的政治权力。作为一个生产者，我有权通过控制我的生产向社会施加压力，以换取我想要的结果。换言之，这是"妈妈们的罢工"。

（2）可以生，但是得我想生，而且我需要确保，我的孩子降生的这个社会对我而言也是可以接受的。换言之，这个社会不能让我变成这个小孩的奴隶，变成他的奶妈、他的女仆、他犯错时的替罪羊。

（3）可以生，但是得我想生，而且我需要确保，我的孩子降生的这个社会对我和他而言都是可以接受的。我需要对这个孩子负责，我不能把他带到一个随时会爆发战争的社会，一个需要没日没夜工作才能糊口的社会。

拒绝被管制的虚假"自由"

关于堕胎的斗争，你来我往吵得异常激烈，最重要的利益相关人士——妇女——却只能在下面看着。法律是否应该放宽、什么情况下才允许堕胎的问题，其实我们并不关心。简而言之，一切"治疗性"堕胎的争议，都和我们没有关系。

依照所谓的"治疗性"堕胎，需要有"充分"的理由才能获得流产的"许可"。简单来说，女人需要努力证明自己配得上没有孩子的奖赏。相比从前，我们并没有在生孩子这件事上获得更多的决定权。

底层的逻辑一成不变：强迫妇女生孩子是合法的。

修改法律，补充几个"特殊情况特殊对待"，最终只会进一步强化这一原则。再宽松的法律，也依然在对我们使用身体的方式进行监管。我们想怎么使用自己的身体是我们自己的事，不应受到管制。男人与生俱来的权利——随心所欲地使用自己身体的自由——女性也想要完整地获得。大发慈悲甩给我们的"边角料"，我们不要。我们反对现行的法律，同样反对《佩雷法案》[1]以及国家堕胎研究协会[2]的提案。任何要管制我们身体的法律——不论是什么形式——我们都不会买账。我们不要求有更好的法律，只要求完全废除它，除此无他。我们不是在要求施舍，而是在要求正义。仅在这一个国家，就有2 700万个女人顶着"女公民"的名号，却被当作牲口一样对待。

不论你们以怎样的面目出现，不论你们是否承认自己的卑劣行径，不论你们如何自称——无论是天主教徒、宗教激进主义者、人口学家、医生、专家、律师、"相关负责人"，还是德

---

1 《佩雷法案》：议员克洛德–佩雷于1970年向国民议会提交的一项关于强奸条件下可实施"治疗性"堕胎的提案，最终未能获得通过。

2 国家堕胎研究协会：让·达尔萨斯创立的组织（拉乌尔·帕尔梅担任主席），隶属于"争取计划生育"运动组织，曾尝试向议会提出一项堕胎部分自由化的法案。

第九章 想生的时候才生

勃雷[1]、佩雷、勒热纳、蓬皮杜、肖沙尔、教宗大人——法西斯分子们，听好了，我们已经揭下了你们伪善的面具。

你们是人民的杀手。从你们口中听到"尊重生命"的说法，真叫人笑掉大牙。我们有 2 700 万人，我们将战斗到底，只为了我们应得的权利——处置自己身体的自由。

资产阶级国家的"十诫"

当人生而为女，
胎儿有得选，女人没得选。

只要德勃雷声称有一亿法国人，
妇女就不得堕胎。

一亿法国人亦非难事，
但凡无须你付代价。

若贫女不得再去英国，
事态将不可挽救。

---

1 德勃雷：指国民议会议员米歇尔·德勃雷，强烈反对西蒙娜·韦依的堕胎法案。

去他的父权制

因此，你将失业，

以取悦资本家。

你当有道德感，

因为"我们的"妻自由后会如何，神均知晓。

你当保留胎儿，

将其留至成年，参军后再杀。

你当奋力养育，

因为你当追随帝国主义。

你自当节育，

如此方能将寥寥儿女送至巴黎综合理工或者国家行政学院，

其公寓只设十余屋室。

至于其他，你当辱骂避孕药，

因为你需要的除此无他。

第九章　想生的时候才生

第十章

"#MeToo" 运动

男根崇拜无处不在，
公道正义渺无踪影

看一张海报。上面一个女人的脸叠着一层环靶的纹路，四周围绕着这些文字[1]："的确，不是每个女人都被强奸过，可在大街上、工作中，我们哪个女人没被骚扰过、骂过或瞧不起过？哪个女人每次和男友或者丈夫发生关系都是心甘情愿，从来没有身不由己过？哪个女人没有过想出门玩又却步，想旅游又打退堂鼓，就怕遭到侵犯？当广告和色情作品拿女人的身体当卖点，又有哪个女人没被冒犯呢？"你猜这张海报是什么年代的产物？看上去，这些话格外紧跟时事，让人想起2017年那场声势浩大，向整个世界昭告女性作为受害者所经历的一切，揭露凌辱和性暴力的"#MeToo"运动。然而事实上，这张海报要追溯到1976年6月26日的一场集会。那一天，女权主义者们在巴黎的"互助会之家"公开提出了强奸及其相关量刑（不当）的问题。

针对女性的暴力，特别是性暴力，花了很长时间才得到法律的认

---

[1] 此处描述参考原版海报。

定和制裁。如今法律总算有所改动，但几个世纪的强奸不治罪传统已经造成了恶劣的影响，遗毒仍在。当然，也不要以为大法官们一直没有作为。他们做了，只是做得太少，太不够了，而且总要返工。更别提难得正义有几次得到伸张，往往还都是因为被女性抓住了把柄。毕竟，女性赋权的形式之一，就是勇敢地对簿公堂，把那些侵犯、强奸她们的人通通告上法庭。而且不要忘了，虽然这件事关乎所有女性，但始终有一部分女性相比之下更脆弱，更容易成为受害者。她们要么被认为没有社会价值，要么被认为没有那些侵害她们的男人社会价值高。比如平民阶级的妇女、女同性恋、双性恋和变性群体，以及因种族而受歧视的女性和性工作者，是最经常遭受性暴力的女性，也最容易遭受法律的不公正对待。

沉默不会保护你。[1]
——奥德丽·洛德（1934—1992），美国学者、作家

在旧制度下的法国，强奸（当时称为"诱拐"或"奸污"）被视作犯罪，但并没有明确的定义。人们对强奸口诛笔伐，但在实际操作中却总是网开一面。最糟糕的是，强奸被视作是有辱女人名誉的事——所以强奸处女，罪加一等。这也解释了为何平民阶层的女性受害者往往无人在意，因为名誉是属于贵族的价值判定，或者说，人们关心的是

---

[1] 这句话出自《将沉默转变为话语和行动》(1977)。

第十章　"#MeToo"运动

被强奸的女人是否"值得敬重"。倘若受害者原本就不被视作"体面"的女人，那么自然不会牵扯到名誉的问题——因为她本来就没有名誉。这样的话，这事就没人理了！不用说，强奸犯自然会借这一点来大做文章，好为自己辩护。直到如今，我们仍旧会在法庭或媒体上看到对强奸受害者"品行"的质疑：从性取向到裙子的长度，全都可以拿来解读，更别提还有很多人无法理解为什么妓女也可以是强奸受害者。在旧制度下，强奸已婚妇女总是首先被认为有损其丈夫或父亲的名声，而不是有损受害者本人的清白。

与此同时，法国是"浪荡子之国"。强奸、淫秽、下流的场景，却可以被描写成风流殷勤，撩拨人心，被比作没有硝烟的战争、不见血的捕猎。从肖代洛·德拉克洛到卡萨诺瓦，再到画画的弗拉戈纳尔，都曾为所谓的"法式"诱惑贡献不少骇人的笔墨，贻害无穷。

> 被奴役、被羞辱、被买卖、被侵犯的，是女人。
> ——《妇女之歌》，1971 年

依照 1810 年拿破仑当政时期编纂的《法国刑法典》，强奸属于犯罪行为，可判处 5 年至 10 年监禁。不过，《法国刑法典》将强奸糟糕地定义为"以暴力方式实施猥亵"，导致强奸受害者必须举证说明过程中有过暴力与反抗，否则就会被认定为普通的猥亵罪，而非强奸罪。另外，《法国刑法典》允许对强奸未遂的情况进行起诉。于是，整个 19 世纪的绝大多数强奸案，十有八九是"强奸未遂"。毕竟依照当时的观念,相比于强奸得逞的情况,这一类案件的受害者更容易守住自己的"清白",道德压力也更小,不会因为出庭做证,在强奸的创伤之外再蒙受社会施加的耻辱。最后,《法国刑法典》还明确了会导致处罚加重的情节,包括受害者未满 15 岁(默认为处女),以及实施强奸者和受害者之间存在权力关系(比如前者在公职系统或教会系统中任职)等。情节严重者将被判处强制劳动。

事实上,当时的人们拒绝相信一个成年男人可以真的强奸一位成年女性,完全没有考虑实际存在着各种胁迫和威吓,以及受害者受惊不能正常反应的复杂情况。1857 年,一项貌似相当严肃的法医调研指出,妇女"必须能够通过其骨盆发力来防止强奸"。类似的观点直到 20 世纪初还在以不同的形式复现,而且常常出自医学权威之口。因此,普遍认为如果一个成年女性被一个成年男性强奸,那么她或多或少做出过某种程度的"让步",而所谓的"让步"又进一步与至关重要的"同意"相混淆,导致黑白颠倒。

面对这样的情况,妇女们并没有缴械投降。尽管为数不多,但仍有一部分受害者坚持不懈,从地方法院一步步告到最高法院,誓要将强奸犯绳之以法,同时也迫使法学家们反思"同意"的问题。1832 年,法律先是承认儿童不具备性同意能力,接下来又将这一概念的适用范围扩展到了全体女性。1857 年,最高法院审理了一起特殊的强奸案。被告被指控假扮受害者的丈夫与她发生性关系,他没想到受害者发现自己受骗后居然把他告上了法庭。当地法院没判她胜诉,她又向最高法院上诉,最终原判被撤销,她获得了正义。这起"迪巴案"的裁决首次给出了强奸的法律定义:"强奸罪,是指违背受害者意志对其实施虐待的行为,包括在未经同意的情况下实施身体或精神暴力,或使用任何其他胁迫或突袭的手段,实现任何不在受害者意愿之内的犯罪者提出的目标。"接下来的一系列判例进一步明确,如果受害者无意识、昏迷、被下药或被催眠,不需要证明暴力存在也可定性为强奸。

然而,实际情况是整个 20 世纪从始至终,没有几起强奸案得到严肃审理,绝大多数被归于"猥亵",提交至轻罪法庭,和小偷小摸一同发落。除了极端恶劣的先奸后杀,其他情况都不算重罪。不过从另一个角度考虑,这种"大事化小"的现象,可能也和律师们保护受害者的策略有关:轻罪法庭的审理禁止旁听,流程较快,专业法官也很少做出无罪判决。而如果想要定性为犯罪,就必须上刑事法庭,案件公开审理,需要走完漫长而痛苦的流程,而且陪审团大多为男性,很容易被强奸犯及其辩护律师的老一套说辞打动,相信罪在受害者本人——要么认为一切都是她们"自找的",要么觉得她们"同意"了又不承认。

> 不是我们的裙子太短,是你们的思想太烂。
>
> ——法国标语,2019 年 11 月 24 日

社会对强奸的态度始终模棱两可,甚至自相矛盾:一方面觉得强奸不是日常情况,强奸犯都是危险的疯子;另一方面却对强奸频发的

现实无所作为，放任受害者有罪论传播，而不去严惩强奸犯。流行歌曲的歌词很能说明问题。1964 年，皮埃尔·库尔给当时年仅 16 岁的弗朗斯·加尔写了一首《如果我是个男孩》，歌里唱道："女孩子的心思我知道 / 你们好好听我说 / 如果一个女孩子说'不要'/ 不管她怎么说'不要'/ 她的意思是说'要'/ 噢，她想要。"1973 年米歇尔·萨尔杜那首《孤独的城市》更加露骨："我想强奸女人，强迫她们崇拜我 / 喝光她们的眼泪，消失在烟雾中。"

说"不要",意思就是"不要"

20世纪70年代中期,情况终于有了翻天覆地的转变。领头的是纽约激进妇女组织。她们第一个组织起公开讲演,让女性有机会面向公众大声呼吁,要求法律修改强奸相关的条文。她们还率先写出了一系列理论文章,首次剖析了强奸文化的机理:强奸在社会上是怎样呈现出来的,又如何延续了强奸的存在? 社会是如何宣扬受害者有罪论,却让强奸犯逃脱责任的? 纽约激进妇女组织谴责强奸,也谴责社会对强奸的沉默,谴责司法系统对强奸的纵容。更加意义非凡的是,她们的工作揭露了强奸文化被用来向女性灌输恐惧的机制。强奸文化导致女性对待外出和旅行更加谨慎,限制了她们的行动范围,损害了她们的自由。

1974年夏天,两名来自比利时的年轻女子安妮·通格莱和阿拉切利·卡斯泰拉诺在法国南部卡朗格峡湾旅游时遭强奸。三个男人对她们实施轮奸,持续了整整五个小时。1975年秋天,该案提交法院审理,预审草草了事,公诉人的案情陈述则有意无意地提及两名受害者是女同性恋和天体主义者。最后，三名被告在辩护律师吉尔贝·科拉尔的帮助下，成功脱身轻罪法庭，罪名是"导致工作中断未超过八天的袭击"。于是，两名受害者聘请了"选择女性事业"协会的吉塞勒·哈利米和她的两位同事安妮－玛丽·克里温和玛丽－泰蕾兹·屈弗利耶为自己辩护。别忘了，在阿尔及利亚战争期间的贾米拉·布帕夏案中，哈利米就是那位第一个把事情"搞大"的女律师。

案件很快得到了女权主义人士的广泛支持。1975年10月15日，经过三位律师的争取，一审判决被宣布无效，案件将重新开庭，公开审理。1976年，《反对强奸宣言》发表。同年6月26日，巴黎的互助会之家举办了一场以"根除强奸！"为口号的"十小时反对强奸"集会。1978年3月4日，这里又组织了一次主题为"姐妹们，一起占领城市！"的夜间示威活动。1977年10月，《银幕档案》节目组制作了一个关于强奸的专题，结果收到了雪片般涌入的听众投稿，无数强奸受害者选择在公众面前大声说出自己的经历。与此同时，吉塞勒·哈利米的策略也启发了其他女律师，不少从业者开始要求对强奸案进行公开审理。1976年12月初，首个公开审理的强奸案在摩泽尔省开庭，只对18岁以上人士开放的法庭座无虚席。只可惜，媒体的反应依然冷漠，报道者寥寥。

终于，1978年5月2日到3日，卡朗格峡湾一案在普罗旺斯艾克斯再度开庭，公开审理，人们再也无法假装对受害者的声音充耳不闻，这迫使整个社会正视强奸问题。审理过程困难重重。其中一名强奸犯的父亲企图在庭外以 100 万法郎换取撤诉。受害者之一安妮·通格莱本职工作是一名教师，她因该案被解雇并差点被比利时国家教育署除名（因为她"过度宣传案件"，"损害了布鲁塞尔学校的名誉"），代价惨重。更不用说，每次休庭期间，辩护律师和原告都会受到不堪入耳的侮辱、唾骂。支撑她们坚持完整场庭审的，是女权主义组织的坚定支持。哈利米律师没有忘记在法庭上提及女权主义的贡献，她将这次审判视为司法和社会默许强奸文化的一次生动例证。最后陈词结束，一锤定音：三名被告被判处四年到六年不等的有期徒刑。

　　修正刑法的斗争还在继续。1980 年 12 月，强奸终于有了一个准确的法律定义："通过暴力、胁迫或突袭对他人实施的任何性质的性插入行为。"这一修订也标志着对男性强奸的承认，使其成为可被判处 15 年监禁的犯罪行为。法律的实施无疑是对受害者的一种支持，鼓励他们勇敢报案。然而直到今天，依然只有极少数（约 10%）的受害者会这样选择。

愿恐惧
改变立场

1980年的修正案并不是斗争的终点，一切才刚刚开始。一要为受害者提供支持，使其有勇气起诉。二要制造舆论，不让案件无疾而终（2012年，只有四分之一的强奸案顺利结案），不让强奸犯逍遥法外。三要阻止强奸量刑的轻罪化趋势——从1980年强奸入刑到现在，仍有六成到八成的强奸案被视作轻罪处理。四要促进婚内强奸定罪（详见下一节）。最后一点，也是永恒的任务——抵制强奸文化，需要让大众认识到，从色情图像文字到性骚扰、性侵犯，直到强奸这一系列现象背后的连续性和一致性（性骚扰直到2012年才被纳入《法国新刑法典》，不涉及暴力的性侵害则到2013年才构成犯罪）。1985年，争取计划生育运动、青年妇女运动和妇女之家共同创立了"反对强奸女权联合会"；1989年，联合会转型为协会，以便能够作为民事主体提起诉讼。各类宣传也是女权主义组织工作的重点。2010年的"敢于做一个女权主义者"运动，提出了"愿恐惧改变立场"的口号。2013年，曾经刊发《343宣言》的《新观察家》周刊向先辈致敬，发表了一份新的《313宣言》，收集了313名强奸受害者的自白。另一个抗击重点是公共空间性骚扰。2011年，前国际货币基金组织总裁斯特劳斯·卡恩陷入一系列性丑闻。

2017年，数十位女性联合指控好莱坞位高权重的制片人韦恩斯坦性骚扰，使得性暴力再度成为关注的焦点。一系列事件暴露出，特权阶级可以公然藐视法律，也不会因为性犯罪而身败名裂。由此激起的大规模发声，让每个人意识到强奸的日常性——性侵犯就在我们身边。

> 我梦想有一个法国，那里的人们更愿意倾听的是谈论强奸的女人，而不是讨论面纱的男人。
>
> ——法国标语，2019年11月24日

然而，2020年2月28日，尽管背着强奸指控，罗曼·波兰斯基依旧凭电影《我控诉》获得了凯撒奖最佳导演奖。颁奖现场，《燃烧女子的肖像》剧组的三名成员，女演员阿黛尔·埃内尔（她本人也是性侵受害者）、诺埃米·梅朗以及导演瑟琳·席安玛当即离席，走出普莱耶尔音乐厅，加入在门口示威抗议的女权主义者。这简直是奇耻大辱！然而，同年7月6日，又一个背着多项强奸指控的男人——热拉尔德·达尔马宁——被任命为法国内政部部长。愤怒的女权主义者们在城市的墙壁上留下了"强奸文化在前进"[1]"内政部，不要脸部""统治我们的是强奸文化"这样的标语。

---

1 "强奸文化在前进"：暗讽任命达尔马宁的总统马克龙所在的"共和国前进党"（2022年9月正式更名为"复兴党"）。

婚内强奸，"合法的"强奸

"丈夫对妻子用强不构成强奸罪，不论二人是否处于分居状态。"——瞧瞧，婚内强奸等于合法强奸，白纸黑字。1832年，《法国刑法典》的一条修正案就是这么说的。

之所以在法律中出现这样的表述，显然是因为存在着相应的社会问题。几个世纪以来，在天主教婚姻观念的影响下，妻子被认为对丈夫负有"夫妻生活义务"，这在法国已经成为一种共识。1804年《法国民法典》草案和1810年《法国刑法典》草案均提到了这个概念，尽管用的不是同样的说法。依照1804年的《法国民法典》，妻子应当服从丈夫，不可以拒绝发生性关系。另一方面，教会也谴责那些要求肛交、口交或提前中断性交的丈夫，承认妻子在这种情况下拥有拒绝的权利。然而这和妻子本人是否情愿没有关系，单纯因为这些行为对生育没有意义。

事实上，19世纪和20世纪的绝大部分时间，婚内暴力都缺乏清晰的定义，所以很少有夫妻会因此对簿公堂。这当然无益于增强法律系统和公共舆论对婚内强奸的认识。更不用说，正如我们前面提到的，强奸定罪面临着同样的阻碍：定义模糊，起诉不力。长久以来，对于涉及家庭暴力的案件，法院本就常常拒绝做出裁决，声称这是"私事"，不属于法院的"管辖范围"。当问题涉及性时，会怎样推托，就更不难想见了。

> 把你的鸡巴和刀子收起来，我的阴道和锤子已经准备好。
> ——法国涂鸦，2020年

文学作品保留了过去人们反思婚内强奸问题的一些线索。巴尔扎克有一篇名为《奥诺里娜》的短篇小说，在报刊上发表时遭遇审查，因为讲的是一个女人从婚姻和家庭中逃离的故事。女主人公无法忍受丈夫的性要求，却要去和情人"欲仙欲死"。巴尔扎克还曾在《婚姻生理学》中写道："永远不要以强奸开始您的婚姻。"莫泊桑的作品中也写到过结婚初夜强奸的创伤。他在长篇小说《一生》中描写了一个可怕的新婚之夜："她一动不动，全身都因为这种可怕的焦虑而僵直，只感到一只粗壮的手要穿过她夹紧的双肘，去摸其下的乳房。这粗暴的接触让她整个人惊慌失措，痛苦地喘息起来。她此刻只想自救，逃出这所房子，找个地方把自己锁起来，远远地躲开这个男人。但一阵剧痛突然撕裂了她。她呻吟起来，在他的怀里扭动，而他只顾猛烈地占有她。"

而在法学界，进程依旧反反复复，判例时常前后矛盾。1839年，最高法院对一起婚内强奸案发表了如下意见："已婚并不意味着法律对一方配偶保护的结束。"然而到了 1910 年，同一最高法院在审理另一起性质恶劣的案件时态度却截然相反。被告是一名已婚男子，暴力强奸了自己的妻子（妻子由其兄弟控制着），他们的孩子甚至也在现场，目睹了全程。这人被定罪后不服判决，提出上诉。而最高法院居然表示，"被告的行为不构成暴力猥亵……事实上，作为婚姻的合法目的，被告的行为不会冒犯已婚妇女的贞操"，而被认为"对受害者的贞操造成严重侵害"的，只是当时的特殊"场景"。

1980 年强奸入刑后，事情终于有了一定进展，尽管直到 12 年后，最高法院才承认，"夫妻双方同意在婚姻生活中发生性行为的推定，只有在证明情况相反前有效"。而这句话被写进法律，已经是 2006 年。此外，《法国刑法典》也进行了更新，规定犯罪者和受害者之间曾存在亲密关系的话，则属于情节严重的情形，意味着犯罪者将受到更严厉的处罚。因此，虽然强奸罪的最高刑期为 15 年，但如果是丈夫（或前夫）实施强奸，最高可被判 20 年。然而，要将这些罪犯绳之以法，依然不是易事。

第十章 "#MeToo" 运动

1976年6月16日，
法国《解放报》发表《反对强奸宣言》

1. 强奸不是一个传说。

强奸是无数妇女每天都要面对的现实，不论是在街上还是在室内，不论是白天上班还是晚上回家，即便有幸逃过它的乔装，对强奸的恐惧依旧深植于骨髓。这是自童年起就挥之不去的梦魇，而我们的经历更无益于驱散它的纠缠。

2. 强奸不是一个意外。

强奸是妇女在父权制社会中遭受的永恒暴力的体现。每个男人都是潜在的强奸犯。对女性的性侵犯从未停止，有的明目张胆，有的鬼鬼祟祟。女性的"围猎乐园"，一天24小时开放，全年无休。

3. 强奸没有作为针对妇女的犯罪而受到应有的惩罚。

依照法律，强奸是一种犯罪。然而在事实层面，强奸几乎从未被认为侵害了妇女的权益，只在少数情况下被认为侵害了拥有她的男人的权益。对于男人来说，享受女人的身体是一种共享的权利，唯一的边界就是其他男人对女人的所有权。没有主人的女人，是所有人的共同财产。

4. 强奸不是一种自然法则。

强奸是父权制社会赖以维系的身体和文化行为。剥离了对女性身体，以及女性生产和再生产能力的占有与剥削，父权制就无以为继。为了使这种占有合法化,父权制社会炮制出一系列愚蠢的神话:男人的性欲"难以自已""无法控制""不可抗拒"。一句话,这就是所谓的"阳刚之气"。

5.强奸非女性所愿,也不会给女性带来快感。

不存在所谓的"欲拒还迎",当一个女人说"不要"时,她的意思就是"不要"。为了能延续他们的帝国主义,男性编造出一套被动的、受虐的女性形象,她们在性关系中百依百顺。这使得全体男性(甚至包括一部分女性)自欺欺人地认为,强奸可能是受害者"自作自受",是"招惹"来的,是"默许"的,她们私底下对此"甘之如饴"。换句话说,在他们看来,不存在真正"用强"的强奸。

6.强奸不是一种命运。

我们不想再被强奸折磨,不想再生活在对强奸的恐惧中。右派和左派在这件事情上,有时都会为之辩护。右派说,强奸是精神病人、移民、酗酒者、边缘人群和性瘾患者的问题。左派则说,强奸泛滥是性苦闷的结果,为了抗击资本主义,我们理应把自己奉献给强奸犯。我们不再忍受这套受害者有罪论,也不再羞于谴责强奸、打击强奸犯。我们不会再容许强奸的受害者在法庭上变成被指控的人。我们现在知道,反对父权制暴力的斗争不可逆转,越来越多的女性开始寻找和创造。男性提出的唯一关系模式,即强奸的模式终将被替代。

1978年，安妮·西尔韦斯特《可爱的房子》

卡朗格峡湾一案审理同年，法国唱作人安妮·西尔韦斯特创作并演唱了这首《可爱的房子》（"BC 音乐"发行）。歌手运用一系列巧妙的比喻重现了一场强奸，准确地反映出大众审视受害者的习惯。初听这首歌，你会以为唱的是入室抢劫、毁坏财物的故事。然而随着歌词的铺陈，听者会反应过来，所谓"可爱的房子"，实际指的是一个被轮奸的年轻女子。

那是一所可爱的房子，一所好房子。
苔藓湿润，长在刚刚好的角落；
墙壁坚实，房间里温暖宜人；
几扇窗户，想看进去不必惊慌。

（副歌）

不，不，我不是在编故事。
发生过什么，我只是原样讲一遍。

当她的客人来访，她会打开大门。
门锁并不牢靠，她也从不在意。
她实在太自信，她从来没想到

这可爱的房子，会有人用暴力硬闯。

一个不幸的日子，来了一帮恶人。
他们按响门铃，猛踹大门；
他们相互打气，相信门总会打开。
洗劫宣告开始，房门就这样被砸穿。

他们破门而入，大肆破坏；
他们踹开窗户，点燃大火；
他们掏出小刀，
在墙上刻下粗话；
他们大摇大摆地离开，
留下满地伤痕。

暴行过后，这所房子失魂落魄，
但这是她自找的！人们异口同声地说。
看她的屋顶簇新，门前花团锦簇，
这样爱俏爱打扮，难怪引狼入室。

一所好房子不会总是孤零零：
村里的那些就非常受人尊敬。
既没有门锁，又不找保安，

第十章 "#MeToo" 运动

开了那么多花，不是等着贼上门？

如果你有一天经过这里，如果你还有心，
目睹这样悲惨的情景，你会为她流泪。
可她已经无药可救，眼泪都是白流。
她没有警报器可以呼救，
她从此大门紧闭。

这就是那所可爱的房子，
你已经听说了她的故事，
这样的故事不能重现，
光愤怒远远不够。
我们能否重获安宁，即使打开窗户？
我们能否重获安宁，即使没有钥匙？

（副歌）

不，不，我不是在编故事。
发生过什么，我理应讲一遍。

第十一章

我们的身体，我们自己

别碰我，
我的事不用你管！

　　从 19 世纪到 20 世纪中叶，妇女解放运动最初关注的重点是作为社会人的妇女，为她们争取选举权、工作权和受教育权。到了 20 世纪 70 年代，随着新一波女权主义运动的兴起，讨论的中心从女性的社会身份逐渐转移到了女性的身体，由此带动了对避孕、堕胎的关注，月经、更年期、性快感和腋毛也成了新的话题中心。正是在这样的背景下，1971 年在美国出版了《我们的身体，我们自己》，一本由女性编写、为女性服务的生理健康科普书。法文译本于 1977 年引入法国，全书分为 18 个章节（内容涵盖解剖知识，生理知识，异性恋和女同性恋性行为，饮食，运动，性暴力，自卫，避孕，堕胎，怀孕，分娩，产后，更年期，妇科健康问题和替代疗法等）。

　　就这样，新一代女性的身体形象清晰起来：女性的身体是健康的，而不是像男性建立的传统医学设想的那样，体弱多病，天生有缺陷，甚至会造成危险；女性的身体不愿再忍受无谓的痛苦；女性的身体是多样的，拒绝再接受单一的、限制性的审美标准；女性的身体享受其丰富多样性，拒绝再把自己交付给男性的评价体系；女性的身体也是有欲望的，会享受快感；最重要的一点，女性的身体必定是政治性的，是力量关系的永恒核心，因此不可避免地成为女性斗争的重要战场。

20世纪70年代以前，能零星地看到一些涉及上述问题的前卫文本（如马德莱娜·佩尔蒂埃曾在20世纪初讨论过避孕、堕胎、性快感和未成年女孩的性教育问题），但都不成体系。自70年代起，女权主义者们跨过亲密关系的障碍，开始朝男性统治的大本营——女性身体的生育功能——稳步进军，向这座最初的和最后的堡垒发动攻势。由于篇幅所限，难以详述，接下来仅介绍几场具有代表性的斗争。

第十一章 我们的身体，我们自己

遵守我的规则[1]

月经，这恼人的、顽固的身体分泌物，不是稀罕事物，对所有人一视同仁。然而长久以来，所有人对它的印象都是负面的，说起来都没有好话。将月经视作一种疾病而非正常生理现象的传统，直到今天还在部分国家阴魂不散，滋生出数目繁多的禁忌、偏见、厌恶和迷信。要知道，直到19世纪，医学上才搞明白排卵的原理，弄清楚月经的作用。在那之前，（男性）医生们不仅对此一无所知，还扮演起性别守卫者的角色，不去破除迷信，反而致力于传播对月经的偏见。

> 我们的月经，他们不屑一顾！[2]
> ——巴黎标语，2017年10月

总的来说，一旦涉及月经，总没好事。她在来月经——哎呀，快

---

1 原文为BOIS MES RÈGLES，直译为"喝我的月经"。
2 原文使用了一个双关。在短语s'en tamponner le coquillard（"不屑一顾"）中，tamponner亦有"堵住、塞住"的意思，与法语的tampon（"卫生棉条"）是一个词根。

躲远点！她绝经了——妈呀，太惨了！从西方医学鼻祖希波克拉底的体液说开始，几个世纪以来，来月经一直被解释为人体排泄过量血液的行为，而且由于经血的颜色较深，普遍认为排出的是不再清洁的脏血。于是，月经正常被视作妇女身体平衡的标志。更重要的是，在完全不理解内在机理和运作方式的情况下，医生们居然成功地发现了月经和女性生育能力之间的关系。于是，妇女来月经被视作是有生育能力的表现，是件好事。你可能觉得，这听上去不坏呀！的确如此，不过不要高兴太早……

由于人们相信流出来的是污染过的血，月经也一并成了脏污的、不洁净的，甚至是危险的东西。老普林尼曾写道："当一个女人处于该状态时，她靠近的酒会发酸，她碰过的种子将无法发芽，蜜蜂将成群死去，铜和铁将立刻锈蚀，产生让人恶心的气味。"读者可能会觉得那个时代的人愚昧一些也无可厚非，但这种迷信的观念流传下来，一直延续到今天。老话说，经期的女人会让蛋黄酱变臭，腌货长霉。直到19世纪末，法国北部的制糖厂还会禁止经期的女人在糖浆煮沸、冷却时入内，害怕她们让糖色发黑。也有人反其道而行之，用经期女人的"黑魔法"来对付害虫，比如在安茹是毛毛虫，在莫尔旺地区则是蝗虫。女巫就在我们身边！至于月经期间的性关系，不用说更是大忌。人们认为，在经期受孕，会怀上红头发的小孩，导致红发也受牵连，成了一种受歧视的发色。"来例假了"[1]始终带有一定的贬义色彩。每当觉得

---

1 原文为 avoir ses ragnanas，在法语中是"来月经"的婉辞，汉语中不存在完全对应的表达。

第十一章 我们的身体，我们自己

有女人在碍事（通常是指她和交谈对象持不同意见），就把这句话甩到她们脸上："你来例假呢，别瞎掺和了！"

另一方面，月经异常、初潮迟到和闭经同样会导致忧虑，因为这关系到女性的生育能力。1835年，费尔南德·马丁-索隆在其《实用医学词典》中建议妇女，如果月经一直不来，可以在外阴和肛门放置水蛭。若此法没有效果，那就不得不放血了。当然，如果是更年期闭经，那就可以直接当作"废品"处理了。这一点直到今天也没有多少改变……

剩下的就是怀孕了。为了调和负面的来月经（排出坏血）和正面的怀孕这两种认识之间的矛盾，人们想出了一种说法：血净化了，变成了奶（法语里"奶"又叫"漂白的血"）！一度是脏污和危险的东西，经历怀孕和分娩，变身为生命的源泉。在这个过程中，妇女也终于回到她们永恒的角色——母亲。

与此同时，妇女经期体验的舒适度基本从未引起过关注。古代的妇女使用过早期形态的卫生棉条和卫生棉，但没过多久就遭到禁止。棉条是不可想象的，因为来月经就把东西塞到阴道里？教会无法接受这一点，毕竟教会人士觉得淫欲是需要严防死守的。至于卫生棉，也被认为没有必要，因为人们觉得应该让坏血顺利地排出来。

好在医学界对于排卵现象终于有了进一步了解。1924年，日本妇科医生荻野久作首次发现，女性排卵发生于每个月经周期开始后的第

12天到第16天之间（根据这一周期计算的"安全期避孕法"由此得名"荻野式避孕法"）。这一重大认识有效破除了月经是"坏血"的迷信，但月经很"脏"的观念依然存在。与此同时，虽然月经用品也在变得更加舒适友好（尽管反对棉条，觉得棉条会导致"破处"的依然大有人在），但经血始终被认为是需要隐藏的东西，没有人想看到，仿佛其中含有大量有毒成分。直到今天，卫生巾品牌的广告依然会避免经血出现，为了证明产品的吸收力，会往上面倒蓝色的液体。更不用提卫生巾的价格——由于被归类为美容产品，直到2016年，都需要额外征收20%的增值税。

女权主义斗士们所做的第一件事情，就是打破月经羞耻，鼓励人们在公开场合谈论月经。20世纪70年代由"妇女解放运动"组织编辑出版的标志性女权主义刊物《拖把在燃烧》，面世时就自称"月经刊"——以此表示会不定期更新。从1971年5月到1973年6月，《拖把在燃烧》一共发行了6期。从那时起，女权主义者们的斗争从未停止过，过去十年更是战果丰硕。2016年，女权主义协会成功让预算国务秘书把"棉条税"，即针对卫生棉条征收的增值税，从20%降至5.5%，与其他生活必需品保持一致（她们正在要求进一步降到2.1%）。此外，女权主义者们还致力于为监狱中的女囚、女性无家可归者和其他生活不稳定的妇女争取免费的生理用品，提倡在中学和公共场所设置自动售货机，要求从幼儿阶段开始普及正确的月经教育，避免月经被污名化，敦促卫生棉条和卫生巾的原材料透明，推进跟月经相关的感染疾病的研究和科普。作为卫生棉条和卫生巾的替代品，环保、经济且毒性低的月经杯很快受到女权主义者的青睐，成为当代女权主义的象征之一。

> 月经杯满了，要流血了。
> ——法国标语，2020 年

痛经问题也是女权主义斗争关注的重点。子宫内膜异位症——一种可引发强烈疼痛的疾病，情况严重时可致残或导致不孕——影响着全球约 1.8 亿的妇女，仅在法国就有 200 万到 400 万女性深受其害。子宫内膜异位症早在 1860 年就被发现，但医学研究进度异常迟缓，直到 2010 年前后才开始有小规模的投入。在此期间，痛经的女人被认为"娇气"、不坚强，被要求咬紧牙关，不要喊痛。女权主义者们呼吁医学界就此开展更多的研究和临床试验，推广相关筛查和科普。

这场斗争深刻地质疑了社会与女性健康、女性疼痛的关系，也揭露出医学内部隐性性别歧视之深。一位患有子宫内膜异位症的模特伊玛尼说："如果子宫内膜异位是男性疾病，那我们早就有疫苗了。"

月经已经成为女权主义斗争的重要象征之一，红色颜料被广泛运用于女权主义的示威行动当中——既象征着妇女所遭受的父权制暴力，也象征着月经本身。

> 要流血，要受苦，我们已经在月经中充分体验了。
> ——法国标语，2019 年 11 月 23 日

月经也关乎权力关系的逆转，把所谓的弱点变成自己的力量。当下，男性化的"操"已经成为某种意义上的通用语言，女人的月经凭什么不能享受同样的待遇？不要再说"操你妈"，女权主义的版本"喝我的月经"越来越流行。女人们用这种方式告诉父权制："把我们的阴部留给我们！"

第十一章　我们的身体，我们自己

从子宫到阴道，
从阴道到阴蒂

上面提到的关于月经的一切内容，同样适用于女性的生殖器官。不论是子宫、阴道还是阴蒂，都曾经被贬损和隐藏，之后得到重新确认，成为女权主义者手中高扬的旗帜。

先来看看男人们都是如何诋毁女人的生殖系统的，可悲又可恨。"上帝创造子宫，永远受微生物、瘴气和感染的侵扰，这足以证明他对女性是多么不屑一顾。"让·德瓦莱特（又名让·拉瓦莱特），耶路撒冷圣约翰医院骑士团大团长，16世纪如此写道。子宫——意思是"孕育婴儿的地方"——当然受到重视，但与此同时，它也被医生们用来"解释"女性的脆弱。很长一段时间以来，人们都相信子宫的不稳定会导致女性"歇斯底里"。被誉为"现代外科学之父"的著名外科医生安布鲁瓦兹·帕雷曾写道："子宫自有其敏感的心思，不受女人的控制，仿佛一只小兽，时而扩张，时而收缩，原因难以捉摸，有时还会抽搐，让可怜的女人失去所有的耐心和理智。"

在漫长的历史中，阴蒂也曾短暂享有过一段时间的崇高地位。早在中世纪以前，人们就认识到了它的存在，到了文艺复兴时期，随着解剖学的发展，阴蒂有了自己的名称。当时的人们将阴蒂理解成一个倒过来的阴茎，认为它是没有发育完全的性器。此外，由于人们认为刺激阴蒂有助于受精，从中世纪直到现代，在性交时这样做一直是受到鼓励的。不幸的是，到了19世纪，人们终于发现阴蒂除了让人产生快感之外什么用都没有。于是一夜之间，没有人再关心可怜的阴蒂，这个词就此从解剖学报告和词典中彻底消失。没过多久，自慰就成了各类批判的靶子（对手淫的攻击甚至不分男女）。自慰会让女人发疯的说法流传开来（不过正如我们所了解的，除了做饭和带孩子，女人做什么事都会发疯）。所以自19世纪起，不少医生和诊所开始使用阴蒂切除术来治疗所谓的"性欲旺盛"或"歇斯底里"，甚至有时连症状都没有，就为了预防而切除阴蒂。接下来登上历史舞台的是弗洛伊德，带着他对于阴道快感的执念：弗洛伊德认为刺激阴蒂的性行为是无组织的，属于幼年时期，只有阴道高潮才称得上是有结构的成人性行为——这都是什么玩意！这套学说自然无益于改善阴蒂的形象。事实上，妇科很长一段时间以来掌握在男性手中，直到最近才开始缓慢地改变。他们大多对科研创新和女性福祉没有热情，这种极端保守的态度甚至会转化成各种形式的妇科、产科暴力。

面对这样的压制，20世纪初，马德莱娜·佩尔蒂埃回应道："子宫并不比肠胃、心脏和大脑更让人觉得不好意思。"与弗洛伊德关系密切

第十一章 我们的身体，我们自己

的知识分子玛丽·波拿巴在其《阴蒂切除术笔记》中分析道:"男性之所以坚持要切除女性的阴蒂,是因为女人身上出现的'阳具'让他们感受到了威胁。"真正的变革出现在 20 世纪 70 年代:新一代女权主义者们不仅完成了对生理知识的吸收和解构,大力推进女性的身体解放,还创造出全新的阴蒂骄傲、阴道骄傲、子宫骄傲,乃至卵巢骄傲。正如"妇女解放运动"的发起者,作家安托瓦妮特·富克所言:"子宫属于妇女,就像工厂属于工人。"

> 做饭并不是一种预先安装于阴道里的技能。
>
> ——奇玛曼达·恩戈兹·阿迪契(1975—),尼日利亚作家

在女性之间,自体触诊教学悄然流传开来,女人们开始向彼此学习如何探索自己的身体。1975 年,继《我们的身体,我们自己》之后,又出现了一本关于女性身体的畅销书:女同性恋艺术家蒂·科琳娜创作的《阴户填色书》。这不是这一群体第一次参与女权主义的历史,然而她们的重要性却一直被严重忽视。多年来,她们对女权主义的理论和实践都有着极大的贡献,如何吸收女性身体的知识并为己所用就是其中一项。2016 年,法国女学者奥迪勒·菲约做出了阴蒂球组织的 3D 模型。猜猜怎么着?它比你想象的要大得多! 2017 年,一场无声的革命席卷了学校课本,阴蒂进入了生物教材——标志着青少年性教育迈出了决定性的一步。褪去了神秘的面纱,阴蒂正逐渐成为从男性掌控

下解放出来的女性的象征，或者至少不再是局限于插入的性行为的象征。阴蒂进入公共空间，化作巨大的雕像、人行道上的雕花、无数的海报……阴蒂无处不在，甚至进入了我们的语言。"最蒂的！""干我蒂事！"等，正在对冲日常表达中泛滥的"屌"和"蛋"。

举起双手，把手指围成菱形或倒三角以象征阴道——这一度是20世纪70年代那一代女权斗士爱用的标志性动作。当时，大量女性在公共场合比出这种手势，这场面被认为严重有伤风化。这种手势出现在法国和意大利，出现在《拖把在燃烧》第三期的封面上，出现在1972年的博比尼审判期间，出现在1976年巴黎"互助会之家"的集会上。妇女们用它来表示对玛丽-克莱尔的声援，表达对强奸的控诉。它一度消失在人们的视野中，近年来又开始在法国和其他国家的女权主义示威活动中出现。

长期以来，没有人会公开说出女性生殖器的名称。如今，这些一度被视为污言秽语的词汇正在被拥抱和接纳。自1996年起，阴道有了畅所欲言的机会——伊芙·恩斯勒的作品《阴道独白》在戏剧舞台上大获成功。"外阴万岁"成了城市墙壁上的热门涂鸦。因为已经有太多人画过阴茎，女权主义者们号召大家以女性的外阴为创作对象。响应者之一，日本艺术家五十岚惠，以自己的阴道为模型制作了一艘皮艇。

第十一章 我们的身体，我们自己

还有一个名为"阴道游击队"的女权主义团体，发起了大规模的画外阴活动。上文提到的蒂·科琳娜的填色书也出了新版。类似的案例还有很多。一场"阴道革命"即将到来！

＃好好补偿你的子宫

《我们的身体，我们自己》的面世，开启了女权主义斗争的一条新战线：揭露科学界，尤其是妇科医学的性别歧视倾向。殊不知，加剧性别不平等的规范、女性身体负面形象的再生产，大多是在这里发生的。是时候发展出一套我们自己的知识体系，建设属于女性的女权主义医学，用新知去打败旧俗。女权主义者们积极介入，她们推动避孕药的副作用研究，曝光宫内节育器的感染风险，参与揭发 DES（己烯雌酚）丑闻：DES 是一种人工合成的性激素，被用于防止孕妇流产，后发现有致癌和导致婴儿畸形的风险。

2014 年，推特上出现了一个名为"＃好好补偿你的子宫"的标签，很快引来了大量评论。无数女网友在这个标签下分享自己在妇科诊疗期间的不适经历。她们或是遭到各种恶意揣测，性经历被指指点点，或是被当成不懂事的小孩子，知情权和拒绝护理权得不到尊重，更不用说粗暴的操作，乃至性侵犯和强奸。同年，一位助产士在博客上曝光了产房潜规则操作——"老公针"，就是在产妇分娩后为其缝合会阴

（因为外阴可能会在分娩过程中撕裂，也有为辅助分娩主动实施的外阴切开术）时，多缝一针以收紧阴道口，目的是让她的丈夫在性交时获得更多的快感。近年来，类似的事件和丑闻使得妇产科暴力的概念广泛传播，并引起了政府层面的关注。2018年，法国男女平等高级理事会就此提交了一份报告。在等待进一步措施的同时，妇女们不甘坐以待毙，制作了产科医生的"白名单"和"黑名单"……

我的衣服在大声说，"男人，我和你是平等的"

本小节的标题出自马德莱娜·佩尔蒂埃，正如她很早之前就意识到的，女性的身体一直处在服装的禁锢中。长久以来，女性的服装不仅妨碍她们活动，还附带着男性凝视，将他们所定义的审美标准在女性之间进一步传播。短裙、长裤、胸衣、胸罩（最好带衬垫）、高跟鞋；刮腋毛，剃阴毛；坐下时双腿并拢，走路时步子不要太大；往后站；不准吹口哨；保持身材，但也不能皮包骨头……从衣服开始，却不止于衣服，女性要面对的"不准"林林总总，数是数不完的，这里只举两个例子。

第一个激动人心的故事，是争取裤子的漫长征程。作为男性气概的象征，长裤同时也象征着权力。因而妇女想要穿上长裤，就是在妄想获得一项无权要求的权利，有僭越的嫌疑。"穿裤子的女人"混合两性既有的特征，打破了性别秩序，背后的逻辑也体现在这个表达常用的意思中：在法语里，"穿裤子的女人"指在家里发号施令的女人。这也是为什么历史上一说到女人穿裤子的问题，总会听到恐（女）同者和反女权主义者的声音。和"畅通无阻"的裙子相反，裤子是一种封闭的服装，不像裙子那样强调女性资源的"唾手可得"。而且从 19 世纪开始直到 20 世纪初，女人的裙子都又长又厚，层层叠叠，穿起来非常妨碍日常活动。在 1924 年 3 月 27 日的《女工人报》中，马德莱娜·佩尔蒂埃一针见血地指出："女人的服装反映出她们在社会中的奴隶属性。我们给小男孩穿的都是方便行动的短袖短裤，让他的胳膊和大腿露在外面自由活动。可一碰到小女孩，首要目标就成了打扮一个漂亮的洋娃娃。那些把她裹住的花边布头所浸染的轻浮，她余生都很难逃脱。"

> 服装反映社会秩序，也制造社会秩序，以此来完成对个人的控制。
>
> ——克里斯蒂娜·巴尔（1965—），法国历史学家

法国大革命期间，人们担心"无套裤婆"们会要求穿长裤。这成了取消女性结社权的诸多借口之一。1800 年，执政府不出所料地再度收紧政策，颁布法令，禁止女性穿长裤，除非出于医疗或专业方面的需要获得"异装许可"。到了 1909 年，禁令放宽了一些，允许妇女在骑车、滑雪或骑马的时候穿着长裤。是不是应该感恩戴德？

压制越是残酷，女权主义者的反抗就越是高调。在公开穿长裤的女性中，有作家乔治·桑、画家罗莎·博纳尔、雕塑家吉塞勒·戴斯托克、精神病学家马德莱娜·佩尔蒂埃，以及许许多多没能留下名字的法国女性。1887 年，巴黎喜歌剧院发生火灾，很多女性因为裙子过于笨重而没能顺利逃生。悲剧发生后，小提琴演奏家玛丽-罗斯·阿斯蒂耶·德瓦尔赛尔向国民议会递交了一份请愿书，捍卫妇女的"穿

衣自由"。1930年，女运动员维奥莱特·莫里斯因"穿着男性服装，给年轻人造成不良影响"被法国妇女体育联合会除名，她不服上诉，却没能获得法院的支持。

> 作为一个从小到大一直在听男人告诉我该做什么的女人，我决定夺回属于我的权利。今天，我决定穿上长裤。
>
> ——Lady Gaga，美国音乐人

然而，长裤还是不可逆转地越来越流行，接受女人穿裤子的人也不再是少数。从20世纪60年代末开始，女性先后获得了在学校（1968年的"五月风暴"中，女高中生的主要诉求之一就是穿长裤）、法院、国民议会和其他一些场合穿裤子的权利。不过，法国航空公司的空姐直到2005年才获准改穿长裤，网球女运动员更是直到如今依然需要穿着短裙挥拍。但更糟糕的事情发生了：长裤的发展事与愿违地导致短裙反添一层糟糕的性自由联想，成了一个错位的色情象征。1978年，法国共产党女议员尚塔尔·勒布朗因身穿长裤而被国民议会拒之门外。到了2012年，环保部部长塞西尔·迪弗洛却因为穿裙子而被吹口哨。

最近，越来越多的女性选择不戴胸罩。这场"#NoBra"（不戴胸罩）运动以舒适为首要目标，同时表达了对男性审美评价体系的摒弃，释放出强烈的女性解放信号：#FreeTheNipple（解放乳头）！ 不过这不是什么新鲜事。早在1968年9月，美国大西洋城筹办美国小姐大赛时，

第十一章 我们的身体，我们自己

美国女权主义者就曾呼吁女性把胸罩扔进"自由垃圾桶"里，以此扰乱这场她们眼中堕落、愚蠢的选美比赛。经过反女权主义论者的添油加醋，从此有了"女权主义者爱烧胸罩"的都市传说。

回溯历史，女性对胸罩的抗争不乏幽默之处：事实上，胸罩原本是为了解放女性而设计的，取代的是束缚性更强的紧身胸衣。这种臭名昭著的内衣会勒紧女性的腰部，使其看起来更加纤细，代价是会引发不适、消化不良、背痛、肋骨痛等。穿着紧身胸衣会呼吸不畅，就连走路、跑步、弯腰、坐下这些最基本的动作都无法顺利完成。

> 我本人从不穿紧身胸衣。[1]
> ——弗洛拉·特里斯坦（1803—1844），法国作家、女权主义者

正是在这一背景下，1898 年，埃尔米尼·卡多勒申请了第一个现代胸罩的专利，想要把女性从紧身胸衣中解放出来。埃尔米尼·卡多勒曾在一个紧身胸衣厂里做过女工。此外，她还是一位社会主义、女权主义和共产主义活动家，是"保卫巴黎和照顾伤员妇女联盟"的成员，还与那位争取妇女选举权和开户权并因此被判监禁的路易丝·米歇尔是好朋友。下次穿胸罩的时候，别忘了发明它的人！

然而话说回来，自诞生以来，胸罩已逐渐沦为异化的帮凶，越变越厚，加上钢圈和衬垫，以模塑出一对形状完美的乳房，用来吸引男

---

[1] 这句话出自《通信集》中的《致奥兰普·霍吉科的信》（1837）。

性（同样是被形塑的）目光。毫无疑问，如果埃尔米尼生在今天，她一定也会是"#NoBra"运动的支持者。

> 永远不要忘记，只需要政治、经济或者宗教上出现一次小小的危机，就足以让妇女迄今为止所争取到的权利重新遭到质疑。
>
> ——西蒙娜·德·波伏瓦，法国哲学家

第十一章　我们的身体，我们自己

重大事件年表(自 1791 年起)

1791 年　奥兰普·德古热写作《女权与女公民权宣言》。继承法确认男女两性享有平等的继承权。

1792 年　民法确认男女两性在婚姻和(当时准许的)离婚中享有平等的权利。男性获得普选权。法兰西第一共和国支持大革命的女公民请愿,要求获得参军的权利。

1793 年　妇女的政治结社权被撤回("阿马尔法令")。

1795 年　妇女不再拥有旁听议会辩论的权利,五人以上的女性团体不得在街上集会。

1802 年　"孤独"在分娩第二天于法国海外省瓜德罗普被处决。

1804 年　《法国民法典》规定已婚妇女无法律行为能力。

1810 年　《法国刑法典》出台,内含"血红条款"。

1816 年　离婚被彻底禁止("博纳尔德法")。

1832 年　第一份完全由女性供稿的报纸《自由之女报:妇女的事业》诞生。

1848 年	男性普选权恢复。《妇女之声》诞生。
1849 年	让娜·德鲁安参加普选。
1850 年	《法鲁法案》颁布,规定人口超过 800 人的市镇必须为女孩开设小学。
1861 年	朱莉·多比耶成为第一位通过中学毕业会考的女性。
1866 年	"第一国际"法国支部明确表示反对妇女参加劳动
1867 年	《杜吕法案》进一步推广女童教育。
1869 年	安德烈·莱奥创建旨在维护公民权利的协会,玛丽亚·德雷姆斯创办杂志《女性权利》。
1870 年	争取妇女权利协会成立。
1874 年	第一部旨在保护妇女工作权益的法律出台,禁止周日工作。
1875 年	马德莱娜·布雷斯成为第一位当上医生的女性。
1876 年	巴黎工人代表大会明确表示"女人的位置属于家庭"。于贝蒂娜·奥克莱尔创立妇女参政协会(又称妇女权利协会)。
1879 年	于贝蒂娜·奥克莱尔在马赛工人大会上促使性别平等原则投票通过。
1880 年	《卡米耶·塞法案》确认女性必须进行中学教育。
1881 年	7 月 14 日,女权主义示威活动"女性权益的葬礼"。
1882 年	《费里法案》规定学龄儿童,不分男女,都有权享有免费的小学义务教育。
1884 年	法律重新允许离婚,条件同 1804 年。

1888 年	国际妇女阵线和国际妇女联盟成立。
1892 年	法律将妇女每天的工作时间限制在 11 小时以内，禁止让女工上夜班。妇女开始使用"女权主义者"形容自己。
1897 年	玛格丽特·迪朗创立报纸《投石器》。
1900 年	从 12 月 1 日起，律师公会不得再拒绝妇女加入。让娜·肖万成为第一位女律师。
1903 年	玛丽·居里（与皮埃尔·居里、亨利·贝可勒尔）共获诺贝尔物理学奖。
1906 年	马德莱娜·佩尔蒂埃成为第一位获得精神病学学位的女医生。
1907 年	已婚妇女获得了自由支配其工资的权利。
1909 年	法律规定妇女可以享有为期 8 周的保障再就业的无薪产假（女教师自 1910 年起享受带薪产假）。妇女可以在骑车或骑马时穿着长裤，不再被视为触犯法律。
1910 年	19 位女性候选人参加了立法选举。
1912 年	妇女获得了提出亲子鉴定诉讼的权利。
1913 年	法国总工会发起运动，争取妇女周六不上班，理由是周六需要做家务。
1918 年	德国和英国的妇女获得了选举权，土耳其紧随其后；战争法庭审判埃莱娜·布里翁。
1919 年	中学毕业会考以及哲学教师的资格考试向女性开放。妇女选举权的提案在国民议会投票通过，后被参议院驳回。

重大事件年表（自 1791 年起）

1920 年	已婚妇女可以不经丈夫允许加入工会；反生育宣传被禁止。
1924 年	法律对堕胎的限制进一步收紧。中学毕业会考的内容不再区分男女。
1925 年	包括杜瓦讷内市的约瑟芬·庞加莱在内的几位妇女成功当选市议会议员。
1927 年	教师行业开始男女同工同酬。
1928 年	社会保障法规定，参保人（和参保人的妻子）有权在怀孕期间获得免费医疗援助、延长产假和享受家庭津贴。
1929 年	女权主义代表大会召开。
1936 年	塞西尔·不伦瑞克、苏珊·拉科尔和伊雷娜·约里奥－居里被任命为人民阵线政府副国务秘书。
1938 年	已婚妇女无民事行为能力的规定被废除。
1939 年	《法国家庭法》规定，对生育第一胎（婚生且出生于婚后两年内）的夫妇给予一次性补助金，第二胎以每月工资的 10% 作为津贴，之后再有生育则奖励工资的 20%，并设立家庭主妇津贴。
1940—1944 年	维希政府时期，妇女权利在各方面倒退，比如离婚受到限制，堕胎可判处死刑，丈夫在婚姻中的权力被恢复，妇女被鼓励回归家庭（公务员家庭必须执行）。
1943 年	法属阿尔及利亚妇女联盟成立。
1944 年	4 月 21 日法令规定，妇女享有选举权；妇女被允许参加

	巡回陪审团工作。
1945年	妇女可享受为期8周的产假，补贴工资的50%（教师行业可获全额补贴）。34名妇女当选国民议会议员。国家行政学院创立，男女混校。司法机构的职位开始向妇女开放。
1946年	男女在所有领域权利平等的原则写进《法国宪法》序言。
1947年	热尔梅娜·普安索－沙皮伊出任公共卫生与人口部部长，成为第一位女部长。
1949年	塞莱斯蒂纳·韦津·库利巴利组织数千名妇女示威游行，要求释放被监禁的民族主义者。
1956年	"幸福母亲"运动（1960年改名为"争取计划生育"运动）发起；9课时的无痛分娩预备教育被纳入社保报销体系。
1957年	审判贾米拉·布希雷德。
1959年	法国国立路桥学院向女性开放。
1960年	单身母亲可申领家庭手册[1]。
1961年	审判贾米拉·布帕夏。
1965年	妇女从事职业活动不再需要获得丈夫的许可。
1966年	产假延长至14周。
1967年	《诺伊维尔特法案》使避孕合法化。
1970年	法律不再承认父权高于母权。7月，《党徒》杂志推出特刊

---

[1] 家庭手册（livret de famille）：亦称家庭登记簿，是结婚或第一个孩子出生时颁发的官方文件。如果家庭情况发生变动，比如修改姓名、性别，或遇丧偶、离婚等，父母在法律上有义务更新户口本上的信息。

《妇女解放元年》，汇集了美国和欧洲女权主义者的文章。十几位女权主义者在巴黎凯旋门敬献花束，以纪念无名战士的妻子，这一事件标志着"妇女解放运动"的诞生。

1971年　妇女的产假津贴提高到工资的90%。《343宣言》公开发表。法国第一个公开自称女同性恋的团体"红色同性恋"诞生，成员包括大约50名女性。《拖把在燃烧》发行创刊号。西蒙娜·德·波伏瓦、吉塞勒·哈利米、克里斯蒂亚娜·罗什福尔、让·罗斯唐和雅克·莫诺共同创办了"选择女性事业"协会。

1972年　同工同酬原则写进法律。博比尼审判；巴黎综合理工学院开始接收女学生，8名女士通过第一年的入学选拔，其中包括全年级第一名。弗朗索瓦丝·德奥博纳创立了生态与女权主义小组，开启法国式的生态女权主义。

1973年　巴黎高等商学院和埃塞克高等商学院向女性敞开大门的第一年，巴黎高等商学院入学考试第一名由女性摘得。

1973年　"争取解放堕胎和节育运动"组织诞生。

1974年　避孕费用纳入报销。"妇女解放运动"在一次集会上呼吁以"妇女大罢工"对抗女性的家务劳动和性义务。1974—1976年，弗朗索瓦丝·吉鲁出任国务秘书，负责改善妇女境况，她在任期内提出了101项有利于妇女的措施，包括确认妇女自身的权利，反对性别歧视，关注寡妇、离婚女性和单身母亲的状况，以及培训女性加入传统上由男性把持的行业。

1975年　堕胎合法化，1979年又由《韦依法案》进一步明确规定。居住地的决定权不再独属于丈夫。克利希开设了第一个受虐妇女庇护所，以作家弗洛拉·特里斯坦的名字命名。法律规定，离婚需要获得夫妻双方的同意。法律规定男女混校。巴黎"互助会之家"召开卖淫问题全国研讨会。

1976年　塞内加尔人类学研究者阿瓦·蒂亚姆创立"黑人女性联合会"。几千名妇女在巴黎"互助会之家"参加"十小时反对强奸"集会。

1977年　"妇女解放运动"组织和同性恋解放小组的女同性恋成员在巴黎组织了第一次骄傲大游行，反抗社会对同性恋的压制。

1978年　艾克斯市对卡朗格峡湾案进行审判。

1980年　强奸有了法律定义。玛格丽特·尤瑟纳尔成为第一位进入法兰西学院的女性。法律禁止解雇孕妇，并将产假延长至16周。

1982年　手工业者、农民配偶的地位得到提高。堕胎费用纳入报销范围。

1983年　所得税申报表开始要求配偶双方签字。又一部关于职业平等的法律颁布。

1985年　婚生子女可以将母亲的姓氏加在父姓之后，作为自己的姓氏。

1986 年　通报准许部分职业、职能称谓的女性化形式，如 écrivaine（"女作家"）、professeure（"女教师"）。

1989 年　反对家暴的运动发起。

1990 年　最高上诉法院做出谴责婚内强奸的裁决。

1992 年　立法打击家庭暴力。性骚扰入刑。设立妨碍堕胎罪。

2000 年　又一部关于堕胎的法律，《奥布里 – 吉古法案》颁布，将堕胎窗口期延长至孕期 12 周，不再要求进行面谈，不再要求未成年人获得家长的准许。

2000 年　性别平等写入法律。

2002 年　法律允许父母选择以父亲或母亲的姓氏，抑或自定顺序的合并姓氏作为其子女的姓氏。

2006 年　女性的法定最低结婚年龄从 15 岁提高到 18 岁。

2007 年　"#MeToo" 标签首次出现，比国际社会谴责性暴力的浪潮早 10 年。

2010 年　一系列法律出台，打击针对妇女的暴力（特别是家庭暴力）。

2014—2016 年　关于堕胎的系列法规出台。撤销"冷静期"和对"危急情况"的限制，堕胎费用纳入社保。

2016 年　法律禁止报复性的色情影片传播。

2017 年　"#MeToo" 运动发起。

2018 年　加强打击性别歧视和性暴力的法律出台。

参考文献

本书讨论的内容跨越了两个世纪，关于这两百年里法国妇女所遭遇的苦难，以及她们所进行斗争的文献浩如烟海，在此难以逐一详述，也无法向每一位作者致以应有的敬意。在下面列出的书目中，仅保留了那些在我看来对广大读者最有用的内容，以及我写作本书时直接引用的文献。要想发现女性斗争史的全貌，必须进一步发掘这些作者的文章和演讲。《克利俄》杂志可以为你的探索提供不少精彩的文章作为线索。

想要进一步了解女性史的读者，可以参考克里斯蒂娜·巴尔的著作，如《二十世纪法国社会的妇女》(*Les Femmes dans la société française du xxe siècle*, Armand Colin, 2002)，以及由乔治·迪比与米歇尔·佩罗主编的五卷本《西方女性史》(*L'Histoire des femmes en Occident*)，或者米歇尔·赞卡日尼-富尔内尔的研究，包括《十九世纪到二十世纪的法国女性史》(*Histoire des femmes en France, xixe-xxe siècles*, Pur, 2005) 和《女性史的词语》(*Les Mots de l'Histoire des femmes*，这是她主编的一期《克利俄》杂志, 2004)。由热纳维耶芙·德尔芒日昂、伊雷娜·雅米、安妮·鲁基耶和弗朗索瓦丝·泰博共同编写的《妇女在历史中的位置：一段混合的历史》(*La Place des femmes dans l'histoire: Une histoire mixte*, Belin, 2010) 面向教育者，内容翔实。2010 年出版的《妇女政治、伦理史百科》(*L'Encyclopédie politique et historique des femmes*, Belles Lettres)，介绍了大量哲学家和人类学家的观点。想要发现历史上更多被忽视的女性，并思考这种现象背后的机制，可参考由"小乔治·桑"写作小组共同编写的《没有人看见，没有人认识》(*Ni Vues Ni Connues*)。

有关女权主义的斗争史、挑战和讨论，可以参考由埃利亚内·古宾、卡特琳·雅克、弗洛朗丝·罗什福尔、布丽吉特·斯蒂德、弗朗索瓦丝·泰博和米歇尔·赞卡日尼-富尔内尔共同编写的《女权主义者的世纪》(*Le Siècle des féminismes*, 2004)。此外，还有克里斯蒂娜·巴尔在普尔出版社出版的两本著作：2012 年的《第一波女权主义者》(*Les Féministes de la première vague*)，2015 年的《第二波女权主义者》(*Les Féministes de la deuxième vague*)。克里斯蒂娜·巴尔还在法雅出版社编过一本《反女权主义的世纪》(*Un siècle d'antiféminisme*, 1991)，最近又完成了《从古至今的反女权主义者和男人至上主义者》(*Antiféminismes et masculinismes d'hier et d'aujourd'hui*, Puf, 2019)。我还想推荐非常实用的《女权主义词典》(*Dictionnaire des féministes*, Puf,

2017）。热纳维耶芙·弗雷斯的著作《制造女权主义》（*La Fabrique du féminisme*, Le Passager clandestin, 2012）汇集了这位伟大的女权主义思想家的许多文章。比比阿·帕瓦尔、弗洛朗丝·罗什福尔和米歇尔·赞卡日尼-富尔内尔共同编写的《"我自己的事，不用你来解放"：1789 年至今的女权主义史》（*Ne nous libérez pas, on s'en charge: Une histoire des féminismes de 1789 à nos jours*, La Découverte, 2020）最近刚刚出版。关于女同性恋者在女权主义运动中的地位，最新研究可参见伊拉娜·埃卢瓦2018年在伦敦经济学院答辩的论文——《女同性恋的麻烦：女权主义、异性恋和1970—1981年的法国民族》。

要研究法国大革命期间的妇女史，首推历史学家多米妮克·戈迪诺和她的《打毛线的女公民：法国大革命时期巴黎人民的女人们》（*Citoyennes tricoteuses: Les femmes du peuple à Paris pendant la Révolution française*, Perrin, 2004）。政治方面，可参考若昂·W.斯科特的《矛盾的女公民：法国女权主义者与人权》（*La Citoyenne paradoxale: Les féministes françaises et les droits de l'Homme*, Albin Michel, 1998），以及埃利亚内·维耶诺的著作《现代性是雄性的：1789—1804年的法国、女性与权力》（*Et la modernité fut masculine: La France, les femmes et le pouvoir, 1789-1804*, Perrin, 2016）。我特别喜欢纪尧姆·马佐和克莱德·普卢姆奥齐在《法国大革命》杂志上于2015年第9期发表的文章《以性别思考：大革命时期女公民身份的问题》。

～⊙⊙～

要想了解女权主义者在卖淫问题方面的分歧，可以阅读卡特琳·德尚和安妮·苏伊里斯的《公共的女性：女权主义者如何应对卖淫的挑战》(*Femmes publiques: Les féministes à l'épreuve de la prostitution*, Amsterdam, 2009)，以及莉莲·马蒂厄的《妓女的动员》(*Mobilisations de prostituées*, Belin, 2001)。

～⊙⊙～

关于 1830 年和 1848 年妇女问题的研究，专家当属《妇女如何挑战民主》(*La Démocratie à l'épreuve des femmes*, Albin Michel, 1993) 一书的作者米谢勒·里奥－萨尔塞，她与阿兰·科尔班、雅克利娜·拉卢埃特共同编写的《城市中的妇女，1815—1871》(*Femmes dans la cité, 1815-1871*, Créaphis, 1997) 可以当作补充资料。卡罗琳·J. 艾彻写过一本关于巴黎公社时期妇女的书。西多妮·韦尔盖荷就路易丝·米歇尔去世后形象的演变写过一篇精彩的论文，清晰地分析了女权主义者们是如何使用她的形象的。

～⊙⊙～

关于受教育权，可以参考丽贝卡·罗杰斯和弗朗索瓦丝·泰博合写的《制造女孩：从朱尔·费里到口服避孕药的女童教育史》(*La Fabrique des filles: L'éducation des filles, de Jules Ferry à la pilule*, Textuel,

2010），以及我特别喜欢一本书，卡罗琳·法约勒的《新妇女：性别、教育和1789—1830年革命》(*La Femme nouvelle: Genre, éducation, Révolution (1789-1830)*, CTHS, 2017）。

安妮-萨拉·布格利耶-莫阿利克的《法国女性的选举：百年斗争史，1848—1944》(*Le Vote des Française: Cent ans de débats (1848-1944)*, Pur, 2012）是研究选举权斗争问题的必读之作。

有关妇女劳动，可参考弗朗索瓦丝·巴塔吉奥拉的《妇女工作史》(*Histoire du travail des femmes*, La Découverte, 2000），以及茜尔维·施魏策尔的《妇女一直在参加劳动：十九世纪至二十世纪的妇女劳动史》(*Les Femmes ont toujours travaillé. Une histoire du travail des femmes, xixe-xxe siècles*, Odile Jacob, 2002）。范妮·比尼翁在《二十世纪》杂志2015年总第125期上发表的一篇文章，《从工厂到国务委员会：1925年杜瓦讷内市选举中的约瑟芬·庞加莱》让我发现了这位"沙丁鱼头"。第七章的标题借自吕迪瓦因·邦蒂尼、范妮·比尼翁和范妮·加洛共同编写的《1968年前后介入当中的性别》(*Le Genre de l'engagement dans les années 1968*, Pur, 2017）。要研究妇女劳动问题，这本书是一座富矿。

读者若想了解更多关于无名战士的妻子的情况，可参考埃弗兰·莫兰-罗蒂罗主编的《1914—1918年的女性战斗》(*1914-1918 : Combats de femmes, Autrement,* 2004）一书。此外还有很多关于抵抗运动中的妇女的著作。

由伊冯娜·克尼布勒主编的《西方的母亲与母性》(*L'Histoire des mères et de la maternité en Occident*)已于 2000 年出版。让－伊夫·勒纳乌尔和卡特琳·瓦伦蒂合著的《堕胎史》(*Histoire de l'avortement*, Seuil, 2003），以及比比阿·帕瓦尔的博士论文《想生的时候才生：1956—1979 年法国社会中的避孕和堕胎》可以作为延伸阅读参考读物。贝亚特丽斯·卡默勒的文章《卡曼法，一段被遗忘的法国地下流产史》刊载在 2017 年 5 月 31 日的《石板》杂志上，它使我了解到卡曼法这种堕胎方式。这篇文章引用了露西尔·吕奥 2017 年在里尔答辩的博士论文《窥镜、针头和镜子：MLAC 与妇女健康动员，在掌握女权主义和堕胎的医疗所有权之间（1972—1984 年的法国）》。

《殖民时代的非洲有学历妇女，1918—1957》(*Africaines et diplômées à l'époque coloniale 1918-1957*, Pur, 2010）一书的作者帕斯卡莱·巴泰勒米，与吕克·卡德维拉、米歇尔·赞卡日尼－富尔内尔共同主编了 2011 年第 23 期的《克利俄》杂志，汇集了从性别角度讨论殖民化的一系列开创性文章。曾亲历法属阿尔及利亚战争的女兵贾米拉·安拉纳，编写了第一部关于法属阿尔及利亚战争中的妇女的重要著作——《战争中的阿尔及利亚女人》(*Les Femmes algériennes dans la guerre*, Plon, 1991）。历史学家拉斐尔·布朗什研究了法属阿尔及利亚战争期间的强奸问题，详见《二十世纪》杂志 2002 年 3 月刊，总第 75 期。关于本书提到的"揭巾"仪式，详见尼尔·麦克马斯特的著作《点燃头巾：法属阿尔及利亚战争与穆斯林妇女的"解放"，1954—1962》(*Burning the Veil: The Algerian War and the "emancipation" of Muslim women, 1954–1962*, Manchester University Press, 2009)。有关法国海外省的强制堕胎，可参见弗朗索瓦丝·韦尔热斯的著作《女人的肚子：资本主义、种族化和女权主义》(*Le Ventre des femmes: Capitalisme, racialisation, féminisme*, Albin Michel, 2017)。

感谢乔治·比加里洛撰写了《十六世纪到二十世纪的强奸史》。作为补充，可阅读由莉迪·博纳乌、弗雷德里克·肖沃、卢多维克·戈索、玛丽-若泽·格里霍姆和米丽娅姆·索里亚合著的《破碎的身体：针对女性的性暴力》(*Le Corps en lambeaux Violences sexuelles et sexuées faites aux femmes*, Pur, 2016)。维多利亚·瓦诺的《家庭的和平：十九世纪到二十一世纪的家暴史》(*La Paix des ménages: Histoire des violences conjugales, xixe-xxie siècles*, Anamosa, 2016)回顾了家庭暴力司法处理的历史。瓦莱丽·雷伊-罗贝尔的《一种法式强奸的文化》(*Une culture du viol à la française*, Libertalia, 2019)亦可以就这一问题提供不少有价值的信息。此外，还应该提到《不可能的许可：约瑟芬·于格案》(*L'Impossible Consentement: L'affaire Joséphine Hugues*, Détour, 2018)，这本书讲述了第二帝国时期的一起在受害人被催眠期间实施的强奸案。感谢 L'histgeobox

网站，一个由历史教师和地理教师共同运营的博客，用音乐的方式讲述历史。我在这个天才的网站上发现了《可爱的房子》这首歌。

关于女性的身体斗争这一主题，我向读者推荐卡米耶·弗鲁瓦德沃-梅泰里的《女性的身体：私密的战争》。2020年，她还出版了一本关于乳房的新作，也很值得一读。在《这是我的血》（*Ceci est mon sang*, La Découverte, 2019）一书中，埃莉斯·蒂埃博追溯了月经的历史。作为服装政治史这一领域的专家，克里斯蒂娜·巴尔有多部论著，包括：《裙摆掀起了什么：身份、越界和抵抗》（*Ce que soulève la jupe : Identités, transgressions, résistances*, Autrement, 2010）和《长裤的政治史》（*Une histoire politique du pantalon*, Seuil, 2010）。此外，还应该提到由茜尔维·斯坦伯格主编的《性的历史》（*Une histoire des sexualités*, Puf, 2018）。近年来，妇产科暴力问题成为研究的热门主题，洛朗斯·居亚尔2008年在巴黎第十大学答辩的博士论文《女性身体的当代医疗化：以妇科咨询为例》对此有精彩论述，可惜没有公开发表。

篇幅所限，如有遗漏，还请谅解。